Disciplina Positiva

2 EN 1

Cómo manejar los conflictos, eliminar los berrinches y criar niños seguros: Incluye Crianza Positiva y Disciplina para niños pequeños

CATALINA ZAPATA

© Copyright 2019 - Catalina Zapata

Todos los derechos reservados.

Nota legal

El siguiente documento se reproduce a continuación con el objetivo de proporcionar información lo más precisa y confiable posible.

Esta declaración se considera justa y válida tanto por la American Bar Association como por el Comité de la Asociación de Editores y es legalmente vinculante en todos los Estados Unidos.

Además, la transmisión, duplicación o reproducción de cualquiera de los siguientes trabajos, incluida información específica, se considerará un acto ilegal independientemente de si se realiza de forma electrónica o impresa. Esto se extiende a la creación de una copia secundaria o terciaria del trabajo o una copia grabada y solo se permite con un consentimiento expreso por escrito del Editor. Todos los derechos adicionales reservados.

La información en las páginas siguientes se considera, en términos generales, como una descripción veraz y precisa de los hechos, y como tal, cualquier desatención, uso o mal uso de la información en cuestión por parte del lector hará que las acciones resultantes sean únicamente de su competencia. No hay escenarios en los que el editor o el autor original de este trabajo puedan ser considerados responsables de cualquier dificultad o daño que pueda ocurrirles después de realizar la información aquí descrita.

Además, la información en las siguientes páginas está destinada únicamente a fines informativos y, por lo tanto, debe considerarse como universal. Como corresponde a su naturaleza, se presenta sin garantía con respecto a su validez prolongada o calidad provisional. Las marcas comerciales que se mencionan se realizan sin consentimiento por escrito y de ninguna manera pueden considerarse un respaldo del titular de la marca comercial.

Índice

Libro 1:
Crianza positiva

Descubra los secretos para criar niños felices, saludables y amorosos, sin romper su espíritu

Introducción

El acto de crianza es una parte fundamental de la experiencia humana y del mundo natural en su conjunto. Lo vemos a través del vasto espectro de la fauna con la que compartimos nuestro planeta, desde padres pingüinos dedicados que llevan y cuidan a sus crías sin eclosionar sobre sus pies día y noche hasta la devoción decidida de madres pulpos que se pasan hambre hasta el punto de morir, para proteger a su cría. Hay pocos instintos más poderosos que los que nos guían a tratar a nuestros jóvenes con un amor comprometido e incondicional. Sentimos una gran necesidad de proteger a nuestros niños vulnerables e inocentes y tenemos un gran deseo de criarlos y guiarlos lo mejor que podamos.

Si nuestras intenciones se correlacionaran perfectamente con nuestras acciones, no sería necesario este libro. Casi todos queremos nada más que lo mejor para nuestros hijos, y si criarlos bien fuera tan fácil como simplemente quererlos, viviríamos en un mundo mucho mejor. Desafortunadamente, las cosas son mucho más complicadas que eso. Cuando hacemos todo lo posible para enseñarles a nuestros hijos cómo comportarse, cómo ser responsables y educados, a menudo encontramos que nuestras palabras caen en oídos sordos y las mismas lecciones no se aprenden a pesar de que hacemos todo lo posible para enseñarles, una y otra vez.

La dificultad para criar niños es algo que a menudo se atribuye a que los chicos de hoy en día son más complicados que en otras épocas, especialmente mencionado por las generaciones mayores, que han olvidado lo que era realmente ser joven y, por lo tanto, agitan sus manos y dicen que los niños de hoy están fuera de control, son egoístas, carecen de respeto, y que las cosas eran mucho mejores cuando ellos eran jóvenes.

Esta actitud es una historia tan antigua como el tiempo. Criar hijos siempre ha sido, y siempre será, un proceso que está lejos de ser fácil. Los niños pueden ser un trabajo duro.

Criar a tus hijos es una de las cosas más difíciles que tendrás que hacer. También es una de las experiencias más gratificantes, esclarecedoras y hermosas que puedes tener. Acompañar y guiar a los niños para que se conviertan en adultos jóvenes independientes, compasivos, felices y prósperos puede ser una tarea increíblemente difícil, incluso cuando sabes cómo hacerlo de una manera positiva y amorosa. Pero si, además, estás atrapado por los límites de tu propia comprensión, puede ser casi imposible lograrlo. Es muy fácil sentirse frustrado e impaciente y recurrir a la ira y al resentimiento por pura desesperación. No tiene que ser así. Este libro es una guía que le enseñará a seguir un camino positivo, productivo y efectivo a través del mundo turbio y confuso de la crianza de los hijos, para alentarte y apoyarte en tu papel de cuidador, maestro, artista y amigo de tu hijo.

La crianza positiva es un proceso. Se trata de mucho más que aprender las teorías e ideas que nos rodean. Es una experiencia participativa que te alienta a ampliar tu comprensión del mundo, de ti mismo, de los demás y de tus hijos. También te acompaña hacia una mejor comprensión del increíble papel que desempeñas en su desarrollo, desde que son recién nacidos e indefensos hasta que lleguen a ser jóvenes felices, sanos y bien adaptados.

La crianza de los hijos es una experiencia muy intuitiva: tienes que aprender a confiar en lo que sientes. Eso es lo que pretende hacer esta guía; te inculca una actitud y una perspectiva particular que te permitirán ser un padre intuitivo para sus hijos de manera positiva y tomar buenas decisiones cuando surjan situaciones a las que necesite responder. Cuando se trata de hacer esto, la comprensión es esencial. Debes poseer el conocimiento sobre por qué la crianza positiva funciona, antes de poder implementarla adecuadamente en tu familia. Primero tienes que aprender a comprenderte a ti mismo para realmente entender a sus hijos. Para mirar hacia afuera, primero debes mirar hacia adentro. Y debes poder hacer una pausa antes de actuar y reflexionar sobre sus propias acciones. Nadie es perfecto y tener la autoconciencia y la honestidad para admitir tus errores ante ti mismo y tus hijos contribuirá en gran medida a cultivar una relación gratificante y positiva con ellos, así como a mostrarles el valor de la humildad.

Como todo en la vida, el proceso de crianza es un viaje. Siempre tendrá sus altibajos. La crianza positiva no se trata de ser perfecto, se trata de reconocer que pase lo que pase, lo importante es poder calmarse y tomarse el tiempo para pensar las cosas y garantizar que todos en la familia aprendan las lecciones correctas. Es un viaje largo, por lo que se requerirá mucha paciencia y compromiso de tu parte. Afortunadamente para ti, el hecho mismo de que vas a ser padre o madre ya significa que estás comprometido con el viaje más largo y si lo estás haciendo, entonces debes hacerlo correctamente.

Toma las lecciones de esta guía en serio. Siempre habrá días buenos y días malos, momentos en los que te sientas bendecido de tener la oportunidad de presenciar el milagro y la belleza de criar a tus hijos, y momentos en los que solo quieras rendirte y huir. Esta dualidad de la vida es algo que todos experimentamos de vez en cuando. Es solo parte de ser humano. Es posible que desees gritar y arrancarte el pelo con desesperación debido a la frustración que siente después de hacer todo lo posible para que tus hijos estén callados, cenen o se vayan a dormir. Eso, no te hace una mala persona, y no te hace un mal padre o una mala madre.

Ya sea que estés leyendo este libro porque va a ser padre pronto o si ya llevas años en el proceso y estás buscando ideas y asistencia, con esta guía te voy a acompañar de la A a la Z de la crianza positiva y te voy a acercar las herramientas y la comprensión que necesitas en este viaje para que puedas disfrutarlo. Aquí vas a encontrar tanto información dura y concreta como algunas teorías de fondo que necesitas para familiarizarte con la paternidad positiva. También te voy a contar algunos ejemplos y proponer ejercicios para ayudarte a aplicar más a fondo lo que has aprendido, en tu vida cotidiana.

El objetivo de este libro es proporcionarte la visión, la actitud y el aliento que necesitas para que llegues a aceptar plenamente la belleza y la satisfacción del ser padre o madre. Todo lo que requiere es que mantengas una mente abierta y una buena disposición para probar técnicas a las que quizás no estés acostumbrado, especialmente si te criaron de una manera más tradicional y autoritaria.

La crianza positiva no se trata de ser blando o débil con tus hijos, o de permitirles llevar el control de toda la casa y la familia. Se trata de abordar su desarrollo desde un lugar de profunda compasión y comprensión por las luchas y los obstáculos que ellos enfrentan cada día y que, al final de cuentas, es lo que todos necesitamos en este mundo.

Puede ser fácil descartar algunos problemas que enfrentan los niños debido a su naturaleza aparentemente trivial, pero cuando hacemos esto, ignoramos el hecho de que los problemas que nos pueden parecer tontos, para ellos pueden ser de las situaciones más difíciles y estresantes en las que se ha encontrado en su joven vida. Por eso, debemos escucharlos y darle a las cosas la dimensión o gravedad que para ellos tienen. Es muy importante que puedan sentir que se respeta su punto de vista y que sus padres entienden por lo que está pasando, lo apoyan y juntos van a buscar un buen modo de sortear las dificultades. Y al mismo tiempo, los límites y las reglas son igual de importantes, ya que los hacen cumplir con los roles que les fueron asignados dentro del complejo funcionamiento de la familia, mientras les enseñan que hay normas en la vida que no van a poder evitar y tareas que deberán cumplir.

Muchas veces como adultos estamos regidos por las emociones, las hormonas y los impulsos que nos nublan el juicio, nos frustran y nos hacen reaccionar con ira y lastimar a los que más amamos en este mundo. A pesar de esto, tenemos la capacidad de mirar hacia atrás en retrospectiva y aprender lecciones de nuestros errores y recelos pasados. Eso, junto con la amabilidad, la compasión y una mentalidad que busca comprender, en lugar de rechazar cosas que nos parecen extrañas, es la esencia de la crianza positiva. No se trata solo de la forma en que tratas a tus hijos, sino que también de cómo tratas a otros adultos y a ti mismo. Es imposible criar a tus hijos de manera positiva cuando tienes poco respeto por los demás o por tu pareja. Si eres impaciente, tienes mal genio y reaccionas rápidamente con ira ante los inconvenientes que enfrentas en tu vida, ¿cómo puede esperar tratar a sus hijos de manera diferente?

Hay situaciones cotidianas que pueden frustrarnos a menudo, como los malos conductores, el trabajo, que el supermercado no tiene lo que uno necesita, o que los chicos no quieran ir a dormir. Y como todas estas situaciones, la crianza positiva puede ser muy difícil porque requiere tener infinita paciencia, resistencia a los inconvenientes y comprensión de uno mismo y de los demás para que se practique con eficacia y no nos dejemos llevar por la frustración.

Con esto en mente, vamos a sumergirnos en el centro de una crianza consciente y comenzar el viaje de aprender a hacerlo de una manera más positiva.

Primera parte

Una visión general de la teoría de la crianza positiva

La crianza positiva es un movimiento que ha estado ganando impulso en los últimos años con respecto a la forma en que los padres crían a sus hijos. Es una teoría sobre cómo desarrollar la crianza de los chicos desde el amor y el respeto para generar mejores vínculos familiares y ofrecer a los hijos toda la contención que necesitan en su crecimiento. Se está volviendo cada vez más común y ya está dando como resultado un número creciente de adultos jóvenes bien educados, emocionalmente estables, amables y compasivos.

Se trata de un enfoque completo de la crianza basada en ideas que habrían parecido radicales hace solo unas décadas, pero que con el tiempo y el progreso han sido ampliamente aceptadas y practicadas por personas decididas a criar a sus hijos lo mejor que pueden. Representa un alejamiento total de las técnicas de crianza más tradicionales, basadas en el miedo y que hacen hincapié en que los niños sean criados para ser obedientes y silenciosos sin cuestionar nada a los adultos. Básicamente se propone romper con un estilo parental muy común, que se caracteriza por una disciplina estricta, el castigo constante y las lecciones duramente enseñadas que supuestamente les harán bien a largo plazo a los chicos pero que no les dejan desarrollar su personalidad y potencial.

La crianza positiva hace caso omiso de este estilo tradicional en favor de un enfoque centrado en que los padres cultiven relaciones amorosas y cooperativas con sus hijos, basadas en un profundo respeto por su individualidad y autonomía como personas. Esencialmente, implica retroceder contra la noción de que los deseos y necesidades de un niño son irrelevantes y secundarios a los de los adultos.

En cambio, la crianza positiva fomenta que los padres sean capaces de guiar y acompañar a sus hijos de una manera estimulante, completamente involucrada en sus intereses y buscando desarrollar todo su potencial. En lugar de girar en torno a las luchas de poder, el control y la afirmación de dominio, la crianza positiva implica fomentar una actitud de igualdad entre todos los miembros de la familia. Todos importan exactamente de la misma forma, todos pueden decir lo que piensan y todos son tratados como personas con capacidad de elegir lo que es mejor y tomar buenas decisiones, independientemente de su edad.

La teoría de la crianza positiva es muy diferente del modo en que la mayoría de los niños han sido criados a lo largo de la historia registrada. Es una revisión radical y fundamental de cómo se trata y se habla con los niños, cómo se corrige su comportamiento e incluso cómo sus padres los consideran. Consiste en formas alternativas de abordar toda la relación padres e hijos para dar forma y moldear a los niños de una manera más positiva y beneficiosa, utilizando tácticas que buscan desarrollar vínculos mucho más fuertes y amorosos en las familias para crear entornos donde los chicos puedan crear y entender el mundo desde su propia perspectiva.

Por ejemplo, en lugar de reaccionar ante el mal comportamiento de los niños con una respuesta negativa inmediata derivada de la frustración de sus padres, como los gritos o la censura, la crianza positiva busca conversar con los niños que se portan mal para comprender lo que están viviendo, escuchar lo que tienen para decirnos, darles la posibilidad de expresarse y construir en conjunto las circunstancias que ellos necesitan para sentirse mejor. Quizás el chico esté aburrido, cansado, hambriento o demasiado enérgico, y su comportamiento es solo una manifestación de la incomodidad que siente.

En lugar de los castigos y gritos que solo asustan e intimidan al niño para que se someta, un padre puede optar por lidiar con la situación comprometiéndose y atendiendo a lo que él necesita para hacerlo sentir mejor. Por ejemplo, si sabemos lo que nuestro hijo está viviendo, podemos encontrar el modo de calmarlo llevándolo al parque para quemar algo de energía o con un abrazo que lo haga sentir protegido, antes de hablarle con paciencia sobre su comportamiento y ayudarlo a ver cómo sus acciones no eran aceptables y eran una mala manera de manejar cómo se sienten.

Muchos padres son escépticos de este enfoque al principio. Tienden a pensar que es demasiado suave y que puede dar como resultado niños mal portados y malcriados. Son esas familias las que buscan corregir el mal comportamiento con castigos, gritos, retos y lágrimas. Pero aún si los niños pueden hacernos sentir muy frustrados o causarnos dolores de cabeza, con la crianza positiva podemos aprender a darles una solución real cuando más la necesitan para así evitar su mal comportamiento.

Todos hemos estado en momentos complicados. Después de un día largo y duro en el trabajo, volver a casa puede ser muy difícil si allí es todo un desastre de gritos, desorden y berrinches que generan una atmósfera de mucha tensión. Los chicos se están portando mal y lo han hecho durante todo el día, no quieren bañarse, cenar ni ir a dormir. Esto lleva a que nos sintamos frustrados y enojados porque creemos que no podemos lidiar con algo así después de un mal día que hemos tenido. Deseamos desesperadamente que los niños se porten bien, sean felices y resulte más sencillo estar con ellos, y no comprendemos por qué no es así, si otros niños pueden jugar tranquilamente.

Este tipo de situaciones derivan, nada más y nada menos, que de una falta de comprensión verdadera entre los padres y sus hijos. Mientras que ellos no entienden cuánto nos afectan las circunstancias de la vida laboral o lo difícil que es volver a casa en un ambiente estresante, nosotros no entendemos por qué su comportamiento es tan difícil o qué están pasando.

La cuestión es que los niños ven el mundo de una manera muy diferente a la nuestra, tienen poca idea sobre el nivel de estrés que un adulto tiene que enfrentar a diario y no saben de cuántas cosas uno es responsable, cuánta presión hay sobre nosotros como trabajadores y como padres. Pero con una buena comunicación y comprensión mutua, podemos ayudar a que los chicos entiendan mejor cómo funciona el mundo y cómo afecta a los demás su comportamiento para que puedan desarrollar su empatía y elegir cómo comportarse de acuerdo a cada momento. De la misma manera, si nosotros, como adultos, podemos llegar a comprender lo que viven los chicos y exactamente por qué están haciendo lo que están haciendo, podremos responder a su mal comportamiento de una manera mucho más efectiva.

Es realmente posible construir una mejor relación con tus hijos en la que puedan entenderse unos a otros y juntos construir buenos momentos. Pero antes es necesario dejar de lado la frustración y los gritos. Se necesita mucha paciencia y un nivel más profundo de interés en el otro y de conciencia sobre todos los problemas y situaciones que los niños viven cada día, para poder llegar a ellos desde la amabilidad, el cariño y el respeto. Aprender sobre lo que más les gusta, lo que les llama la atención o lo que necesitan para poder acercárselos y fomentar sus pasiones.

La crianza positiva de los chicos cultiva una vida familiar mucho más tranquila y menos estresante al fomentar esta comprensión y conexión más profunda entre los padres y los hijos, en la que todos estén más cómodos y disfruten de los momentos que comparten. Si se portan mal, podemos sentarlos a conversar para explicarles cómo su comportamiento impacta en los demás y preguntarles en verdad qué están sintiendo o qué necesitan. Así, a su vez estarán generando un vínculo muy estrecho en que los chicos se sienten escuchados y aprender a decir lo que les pasa en lugar de expresarlo con berrinches, mientras que los padres aprenden a conocer todas esas cuestiones que los niños no pueden expresar bien y ayudarlos a alcanzar lo que desean sin desesperarse o frustrarse por eso.

Y cuando los hijos entienden cómo su comportamiento afecta a los adultos, desarrollan la capacidad de empatía, de ponerse en el lugar de otras personas y a ser más considerados con la forma en que sus acciones afectan a quienes los rodean. Esto lleva a que todos seamos más considerados con lo que quieren o necesitan los demás miembros de la familia y juntos construimos un ambiente mucho más relajado y tranquilo en la casa.

Un enfoque positivo para la crianza de los hijos ayuda a fomentar un sentido de profundo respeto y cooperación entre los padres y sus hijos. Cuando todos los involucrados en una familia inmediata entienden que no hay competitividad entre unos y otros, que no hay lucha de poder, sino solo amor mutuo y respeto entre los miembros de la familia, los problemas de repente se vuelven mucho más fáciles de manejar, porque tanto los padres como los hijos saben que pueden confiar en los demás y apuestan a trabajar en conjunto para el bien de toda la familia. Conectarse genuinamente con los niños se hace posible y ayudarlos a ver las cosas desde un punto de vista diferente significa que puede comunicarse con ellos y hacer un cambio real donde más se necesita.

Un gran ejemplo de esto es cuando un niño no comprende por qué lo que ha hecho está mal, por ejemplo, si sale solo de casa o se pone en peligro sin saberlo. Un padre obviamente estará extremadamente preocupado y aterrado por una situación como esta, pero un niño realmente no puede entender por qué. Es comprensible que reaccionemos con pánico y miedo, para gritarles por lo que hicieron y ordenarles que nunca vuelvan a repetirlo. Pero para los pequeños que no han visto el peligro o gravedad de las cosas, esto es sólo motivo para asustarse y confundirse sin llegar a comprender lo que sucedió.

El enfoque de crianza positiva para este escenario, sería tener una conversación tranquila con ellos, informándoles que vivimos en un mundo peligroso y que corren algunos riesgos si se alejan de los adultos que los cuidan. Como padres, nuestro trabajo es proteger a nuestros hijos y es normal sentir que si no sabemos dónde están, no podemos protegerlos, por lo que nunca deberían alejarse de nuestra vista porque podría pasar cualquier cosa y no estaríamos ahí para detenerlos. Pero este enfoque es similar a gritarles y controlar su comportamiento a través del miedo, en lugar de enseñarles sobre los peligros que puede haber, podemos ofrecerles una contención y cuidado permanentes e incitarlos a que quieran compartir con nosotros sus juegos en lugar de alejarse y que sean conscientes ellos mismos para cuidarse solos.

Una vez que establezcas un tono saludable y mutuamente respetuoso con tus hijos, va a cambiar el modo en que se relacionan entre ustedes, pero también aquí vas a tener que tener paciencia porque puede tomar algo de tiempo para que esta apreciación se manifieste en el comportamiento de los chicos. De todas maneras, el solo hecho de comenzar a implementar esta perspectiva de crianza positiva en el día a día familias ya va a mejorar el estado de ánimo de todos los involucrados, y pronto verán la diferencia: los niños se sienten más cerca de sus padres y mejor comprendidos por estos, los entienden y a la realidad familiar con mayor claridad, y es muy probable que quieran seguir usando ese enfoque en el futuro porque les hace sentir que se ha logrado un progreso real.

La crianza positiva te va ayudar a mejorar tu vida familiar porque te guía en la construcción de:

- Un ambiente familiar tranquilo y sin estrés

- Un vínculo emocional amoroso entre padres e hijos

- Mejor comunicación entre todos los miembros de la familia

- Niños con mayor autoestima y más herramientas para desarrollar su potencial

- Mejor rendimiento escolar

- Menos problemas de comportamiento

- Mejores habilidades sociales y amistades

- Más disfrute en familia

- Más probabilidades de que los niños escuchen a sus padres y tiendan a seguir sus consejos y deseos

- Capacidad de respeto a los otros y empatía

La efectividad de la crianza positiva es excepcional. Por un lado sirve para abordar las preocupaciones inmediatas a corto plazo como frenar el mal comportamiento y promover la cortesía y el respeto en los niños. Y además, les permite desarrollarse de acuerdo con principios claros y saludables y les da herramientas para su futuro como la amabilidad, el respeto a los demás, la paciencia, la compasión, el disfrute, una visión más amplia y profunda de las cosas, también una comprensión más clara en todas las circunstancias, estabilidad emocional (una mayor capacidad para procesar y regular las emociones), principios y consideraciones éticos y morales bien desarrollados y una perspectiva positiva hacia la vida.

Además de esto, la crianza positiva fomenta las relaciones cercanas y amorosas entre los miembros de la unidad familiar, reduce el estrés, la depresión, los sentimientos negativos y el resentimiento de manera sorprendente. Mejora la calidad de vida de padres e hijos por igual, lo que lleva a una mayor sensación de bienestar, paz y felicidad entre todos los miembros de la familia. Y esto es una herramienta que les va quedar para siempre porque la vida familiar y la infancia de alguien es un indicador directo de si podrá construir su felicidad futura, alcanzar el bienestar y el éxito en la vida. Ser criado de una manera que incorpora aspectos de la crianza positiva mejorará enormemente el potencial de una persona para vivir una vida tranquila, llena de amor y con la capacidad de disfrutar del mundo.

El hecho de que esta corriente de pensamiento sobre la crianza sea cada vez más popular entre las familias del mundo, es un punto de quiebre muy importante en la historia humana. De la misma manera que liberar a los niños de las fábricas de la primera revolución postindustrial del mundo occidental ayudó a impulsar a nuestra sociedad al nivel de desarrollo y oportunidad que poseemos hoy, la crianza positiva puede ayudarnos a criar a las generaciones futuras de una manera que los aliente a aprovechar al máximo la vida, les dé infinitas posibilidades de desarrollo personal y las herramientas que necesitan para alcanzar sus metas. Y no menos importante, los va a formar para que traten a los demás de la forma en que fueron tratados como niños, de modo amoroso, con respeto, en lugar de dejarlos sintiéndose vacíos y decepcionados con la vida por haber sido tan censurados en sus primeros años.

La idea central de la crianza positiva es asegurarse de que los niños crezcan sintiéndose comprendidos, cuidados y amados por sus familias porque en base a cómo se sientan de chicos, construirán sus puntos de vista del mundo y dependiendo de cómo vean al mundo, desarrollarán su personalidad y su futuro. Imagina el gran potencial que puede tener una persona si desde sus primeros años es impulsado a crear y diseñar cosas nuevas todo el tiempo, si se lo involucra en los problemas cotidianas y se trabaja junto a él para desarrollar soluciones creativas y pragmáticas para las cosas más simples. Los valores y hábitos que adquiera serán el motor con el que construya su personalidad futura y todas las posibilidades, impulsos y apoyo que le den a su capacidad creativa, sus deseos o ideas, harán que en el futuro se sienta capaz de lograr todo lo que imagine y dispuesto a esforzarse por hacerlo.

Y para lograr relaciones más saludables entre padres e hijos, este enfoque ayuda a los adultos a comprender cómo interactuar con los chicos de una manera más sensible, consciente y abierta. Esto asegura que los niños crezcan sabiendo que se respeta cómo son y todo lo que eligen, que tienen la posibilidad de elegir cómo vivir y que encuentran un argumento de por qué no pueden hacer tal o cual cosa, en un contexto y por una razón, en lugar de sentir que simplemente las cosas se le niegan o imponen a voluntad de los adultos. Por todo esto es que van a poder crecer con una mirada más positiva del mundo, optimistas y disfrutando de su vida, agradecidos del vínculo que tienen con sus padres y propensos a confiar en las personas y pedir ayuda cuando la necesitan.

Una de las grandes ventajas de la teoría de la crianza positiva es que pone el énfasis en mirar hacia adelante en lugar de hacia atrás. Se basa en la idea de que no existe un niño bueno o malo, solo un buen y mal comportamiento y el objetivo es enfocarse en comprender de dónde viene ese mal comportamiento para evitar que se repita y cultivar los buenos hábitos de los chicos entendiendo en conjunto cuál es la realidad de una situación a medida que está sucediendo y qué se puede cambiar y mejorar, en lugar de detenerse en el pasado o las cosas que desearía que fueran diferentes.

Con demasiada frecuencia, las personas se encuentran atrapadas en ciertos eventos que han sucedido en el pasado y sobre los que guardan un gran rencor. Esto es porque en el pasado se sintieron maltratados por alguien y no pudieron conversar sobre sus sentimientos, así que los guardaron. El rencor nos ata al pasado y nos impide perdonar y seguir adelante, por eso no nos sirve. Todo lo que hace es causar resentimiento entre los padres y sus hijos, que es lo que queremos evitar. Por eso, en lugar de castigar a los niños por su comportamiento y las cosas que hicieron, la teoría de la crianza positiva se centra en aprender de los hechos para cambiar en el presente cómo serán en el futuro.

Es este enfoque de cara al futuro lo que realmente ayuda a la crianza positiva a avanzar tan increíblemente cuando se trata de llegar a los niños. Está fuertemente asociado con un mayor bienestar en la edad adulta que implica una mejor autoestima y capacidad para hacer amigos, desarrollarse personal y profesionalmente e incluso: tasas más bajas de abuso de sustancias.

Si un niño aprende cómo procesar y regular sus emociones e interactuar consigo mismo y con las personas que lo rodean de una manera saludable, estará toda su vida equipado con un excelente kit de herramientas que le serán muy útiles. Esto incluye ser lo suficientemente seguro de sí mismo como para resistir la presión de sus pares y tomar sus propias decisiones, así como comprender cómo tratar a las personas y cómo hacer amigos, cómo trabajar en equipo y también cómo responder ante las agresiones ajenas. Así, es más probable que pueda tomar decisiones responsables y conscientes en las que tenga en cuenta múltiples factores, en lugar de actuar impulsivamente y meterse en problemas.

El papel y el propósito de un padre

La crianza positiva también implica tomar decisiones conscientes sobre el rol de padre o madre que se va a adoptar y el papel que se va a desempeñar en la vida de sus hijos. Para algunas personas, su posición como padres es un papel de por vida, marcando los límites y reglas con los que el hijo deberá operar en su futuro. En esta perspectiva hay un control o supervisión constante que dura hasta el día de su muerte, en cualquier decisión que los hijos deban tomar y ese tipo de padres estarían felices de que sus hijos vivan con ellos, incluso como adultos.

Por el contrario, otros ven que su responsabilidad por el bienestar de sus hijos implica darles las herramientas que necesitan para ser autónomos y desarrollarse individualmente, incluso impulsándolos a independizarse y formar su propio camino. Esto no significa que los abandonen una vez que se hagan adultos, sino que los acompañarán de un modo más simbólico, estando cerca de ellos cuando necesiten ayuda, pero sin presionarlos o exigirles nada.

En tu propio rol de padre hay decisiones que debes tomar para decidir cómo serás parte de la vida de tu hijo y estos son solo dos ejemplos que nos ayudan a ver las diferentes formar de paternar. Se trata de elegir entre una crianza más tradicional, correcta y en la que los niños son entendidos como meros espectadores de la vida hasta que sean lo suficientemente grandes como para construir su adultez, o una crianza positiva en la que se acompaña a los chicos en su crecimiento para que puedan tener las herramientas que necesitan para irse desarrollando como desean. Existe una gran brecha entre estos modos de criar a los hijos y no puedes solo hacerlo sin decidir cuál es el mejor modo para ellos y cómo podrás ayudarlo más a ser una persona libre, feliz y exitosa en su futuro.

La paternidad no solo se trata de una figura legal frente a quienes aún no tienen la potestad de sí mismos, sino que también existe una responsabilidad moral en el ayudarlos a elegir libremente cómo quieren vivir y acompañarlos en ese proceso. No solo eres el tutor de tus hijos, sino que también puedes ser su maestro, mentor, guía, cuidador y amigo de ellos. La verdad de todo este asunto es que puedes dar tanto de ti a tus hijos como elijas y, déjame decirte que cuanto más de ti les das, cuanto más tiempo, energía, risas y amor les brindas a tus hijos, más ganarás en la satisfacción de disfrutar junto a ellos de la infancia y saber que se preparan para un buen futuro. Criar hijos es una experiencia extraordinariamente gratificante y hermosa. Tienes la capacidad de formar corazones y mentes jóvenes, ayudarlos a alcanzar sus sueños más salvajes y apoyarlos en sus momentos más oscuros.

Al menos al principio de sus vidas, vas a ser el modelo principal a seguir de tus hijos porque interactúan contigo todos los días, te observan, absorben cada palabra, cada expresión facial y cada movimiento que haces. Los niños aprenden por imitación; todo esto forma la base, la plantilla de su propia personalidad que editarán y esculpirán a medida que crezcan. Para tu hijo, tu eres la suma total de casi toda su experiencia y las cosas de las que son conscientes, especialmente antes de comenzar a ir a preescolar, pasan por el filtro de tu presencia porque a través de tu comportamiento, les das una idea de cómo se supone que debe comportarse un adulto. Un buen padre, por lo tanto, hace toda la diferencia para un niño, porque la relación que tienencontigo no solo da forma a su infancia, sino que también refleja en gran medida la vida que llevarán como adultos.

Tu tienes el poder de influir en el tipo de vida que llevarán tus hijos y, por lo tanto, la vida de sus propios hijos algún día. El sello que pones en ellos los seguirá durante el resto de sus vidas y afectará la forma en que decidan vivir.

Una vez que sus hijos hayan crecido, hayan abandonado el nido y estén ocupados viviendo sus propias vidas, tú continuarás jugando un papel importante en sus vidas. Es posible que ya no seas responsable de su bienestar, pero seguirás siendo de vital importancia para ellos como su padre y como una de las personas más cercana que tienen porque su relación se remonta a los inicios de su vida y eso, queda marcado en ellos como un tatuaje imborrable.

Muchas personas tienen relaciones muy difíciles y tensas con sus padres cuando son adultos, lo que en la mayoría de los casos es al menos en parte el resultado del resentimiento de toda una vida, por la sensación de que la forma en que fueron criados en la infancia en lugar de darles herramientas, fue deficiente y los hizo sentirse asustados e inseguros, para siempre.

La paternidad positiva requiere una gran reflexión sobre tu papel como padre, la relación que deseas tener con tus hijos y la relación que tuviste con sćtus propios padres mientras crecías. Incorporar una crianza positiva en la forma en que te relacionas con tus hijos significa abrazar por completo la multitud de roles que potencialmente puedes desempeñar para ellos y reflexionar sobre cada uno para tomar tus propias decisiones y elegir cómo quieres desempeñar tu paternidad para con ellos. A continuación, describiré los roles principales que puede ocupar para sus hijos a lo largo de las diferentes etapas de su vida.

El cuidador

El primer y más fundamental e importante papel que juegas para tus hijos es el de su cuidador. Esto implica mantenerlos seguros, darles una buena alimentación, abrigo, contención y proporcionarles acceso a la educación. Este es un papel que fluctúa en intensidad a lo largo de su vida ya que un recién nacido requiere mucho más cuidado que un adolescente, y una vez que tus hijos crecieron y se mudaron, tu tiempo como cuidador llega a su fin. Sin embargo, es posible que algún día ellos tengan sus propios hijos y de repente vuelva a desempeñar el papel de cuidador nuevamente. Este trabajo, además, se realiza en ambos sentidos. Cuando seas mayor y necesites ayuda para cuidarte, tus hijos estarán allí para ocupar ese rol contigo cuando lo necesites, tal como estabas allí para ellos.

Ser un cuidador puede no parecer el trabajo más glamoroso del mundo, pero es necesario. Tu trabajo principal como padre es cuidar a tus hijos, y eso significa hacer los trabajos difíciles y que ellos aún no pueden valorar, por eso reniegan y critican la presión que pones en tu trabajo. Sin embargo, incluso esto es una experiencia increíblemente gratificante y hermosa. La mirada en la cara de tu hijo cuando está bien alimentado, feliz y bien metido en la cama por la noche hace que todo valga la pena.

Guía, mentor y maestro

Como guía de tus hijos, tu función es mostrarles cómo es el mundo y algunos de los desafíos que deberán enfrentar para adecuarse a este. Les enseñas a hablar, los socializas, los educas con una comprensión de lo que se requiere de ellos en la cultura en la que se crían, les muestras el camino en la vida y les enseñas cómo sobrevivir. También los entrenas para usar el baño y alimentarse, les enseñas a aprender y estudiar como la escuela quiere que lo hagan y les muestras cómo acercarse a los demás y hacer amigos. En este rol, eres responsable de su desarrollo mental, emocional y social. Eres un modelo a seguir para tus hijos y, a través de ti, ellos aprenden sobre el mundo que los rodea.

Realizar este papel para tus hijos es, con mucho, la parte más esclarecedora de ser padre. Puedes ver en tiempo real cómo tu influencia se contagia a los chicos, cómo adoptan tus modales y palabras y formas de manejar las situaciones. La mayor parte de desempeñar este papel no consiste en enseñarles nada directamente, sino simplemente hacer tus tareas cotidianas frente a ellos y que vean cómo es la vida a través de tu presencia, mostrándoles las situaciones a las que te enfrentas y cómo actúas o reaccionas ante ellas. Una vez que tus hijos hayan crecido completamente, continuarás desempeñando este papel en sus vidas, aunque ahora te encuentres en igualdad de condiciones. Los niños serán capaces de enseñarte lecciones sobre el mundo y la vida a ti exactamente de la misma manera en que tú les enseñas. Una vez que hayan crecido completamente, tus hijos también podrán desempeñar este papel para ti. Tendrán sus propias perspectivas maduras y bien desarrolladas sobre la vida, sus propias actitudes, sus propias experiencias del mundo que pueden ayudarte a moldear tu punto de vista exactamente de la misma manera en que lo hiciste para ellos. La crianza de los hijos es una experiencia interactiva y recíproca; tanto tú como tus hijos cambiarán debido a la influencia del otro a lo largo de sus vidas.

El amigo

Quizás el papel menos apreciado que desempeñarás para tus hijos, especialmente cuando son preadolescentes, es el de ser uno de sus amigos y confidentes más cercanos y de mayor confianza. Juegas con ellos, conversan juntos, respondes a sus preguntas sobre el mundo, les lees y pasas tiempo en su compañía, organizas sus fiestas de cumpleaños, los entretienes y les presentas prácticamente cada nueva parte del mundo que experimentan.

Este papel depende en gran medida de las decisiones que hayas tomado sobre cómo relacionarte con ellos y cómo pararte frente a ellos. Si has decidido que como adulto eres de alguna manera superior a él o que los niños carecen de experiencia y como tales deben oír a los adultos en silencio y acatar sus órdenes, entonces no habrá espacio de amistad alguno ni relación verdadera con tus hijos en la que puedan conversar o disfrutar de un tiempo juntos.

En cambio, si has decidido practicar una crianza más positiva y acompañarlos en su vida dándoles herramientas pero también escuchándolos y dejándolos elegir por ellos mismos, entonces quizás puedas encontrar o construir en tu familia lazos de amistad que excedan el compromiso de tener que hablar con un padre porque así debe ser.

Además, esta es una relación que cambia y progresa con el tiempo a medida que tú y tu hijo varían sus roles en el mundo. Lo importante es que puedan sentir respeto uno por el otro y construir espacios de escucha verdadera. Así, el padre puede ayudar un poco desde su experiencia en algunos momentos al hijo, pero también en otras circunstancias podrán apreciar la vida juntos, como pares.

Es posible que no sientas que tu hijo es un amigo particularmente cercano en el transcurso de su crianza, y eso está bien, es perfectamente normal sentirse así. Parte de tu deber para con tu hijo es comprender que es posible que no siempre aprecie o valore todas las cosas que haces por él, pero siempre serás su mamá o papá. Cuando todo se rompa y se sientan perdidos y abandonados, serás su primer puerto de escala. Vas a ser la persona en la que confíen, la persona con la que saben que pueden contar para ayudarlos a recogerlos y superarlos. Esto se debe a que como padre eres el amigo más antiguo y cercano, y siempre lo serás, ya sea que se den cuenta ahora o no.

Abrazando tu papel como padre

Una de las lecciones más importantes de la paternidad positiva es que debes lanzarte a todos los aspectos de la paternidad con total entusiasmo. No siempre lograrás cumplir con las expectativas que tienes de ti mismo o con la idea del tipo de padre que quieres ser, pero eso es normal: solo eres humano.

Lo importante es ser capaz de aceptar completamente el papel que tienes como padre y comprometerte a intentarlo una y otra vez hasta que lo hagas bien. Esto significa volver a subir cada vez que te derriben, sin importar cuántas veces suceda. Significa responsabilizarte de tus propias palabras o acciones y hacer todo lo posible para mejorar y dar un buen ejemplo a tus hijos siempre que puedas.

Ser un buen padre viene de la mano de ser un buen ser humano. Se trata de que tu corazón siempre esté en el lugar correcto, independientemente de si las cosas salen como esperabas o no. Lánzate a la paternidad. Déjate involucrar en todos los aspectos. Permítete probar y aprender de las experiencias que tienes sin importar si fallas o tienes éxito. Está allí para tus hijos. Tómate el tiempo para conocerlos, para aprender lo que los hace funcionar. Escúchalos cuando te hablen sobre sus pensamientos, sentimientos, esperanzas y sueños. Y si alguna vez te sientes culpable y arrepentido por las cosas que podrías o deberías haber hecho, perdónate a ti mismo. Acepta que sólo eres humano.

Comprende que la parte más importante de la vida es aprender de tus errores cuando los cometes. Golpearse y revolcarse en la miseria sobre situaciones que ya no puedes cambiar y acciones que no puedes deshacer no logran nada. Mira hacia atrás solo lo que necesites para aprender de tus errores y luego seguir adelante.

Ser padre es una de las cosas más desafiantes que es posible hacer en la vida, así que acepta el desafío. No te alejes de eso. No dejes que tus miedos sobre lo que podría salir mal te impidan relacionarte con tu hijo y estar junto a él.

Cuantos más errores cometas, más aprenderás. Cuanto más aprendes, en mejor padre te conviertes. Cree en ti mismo y en tu capacidad de ser todo lo que un niño pueda desear en sus padres, y descubrirás que asumes el papel que él estaba necesitando. Debes tener el coraje de tomar decisiones difíciles y apegarte a ellas, para hacer lo que creas que es mejor, no porque siempre debas estar en lo cierto, sino porque si siempre te cuestionas a ti mismo, nunca progresarás. Abraza el hermoso viaje que es la paternidad.

Cohesión parental

Para que la crianza positiva se implemente adecuadamente, toda la unidad parental en el hogar familiar debe estar a bordo y dispuesta a continuar y apegarse a esta metodología. Esto significa que tanto tú como tu pareja, si tienes una, y también los abuelos, niñeros o quienes pasen tiempo cuidando y criando a tu hijo, necesitan mantener un frente unido en términos de su enfoque. Deben ser constantes en su actitud para criar a sus hijos en todo momento. Si uno de ustedes está haciendo todo lo posible por ser padres positivos mientras que el otro pierde los estribos repetidamente y maneja mal las situaciones, sus hijos se sentirán confundidos e inseguros sobre su posición o cómo deben comportarse. Esto puede conducir a la inseguridad y a los sentimientos de duda, ya que luchan por comprender exactamente qué es y qué no es aceptable que hagan y cómo sus padres interpretarán y responderán a su comportamiento.

Eso no quiere decir que no pueda estar en desacuerdo con su pareja frente a sus hijos. De hecho, sí pueden estar en desacuerdo de una manera sana y madura, si logran mantenerse equilibrados y usar un razonamiento tranquilo para expresar sus pensamientos y sentimientos entre ustedes de tal manera que obtengan una mejor comprensión de los puntos de vista de los demás de una manera positiva. Dejar que sus hijos vean esta forma saludable de resolver disputas será una herramienta más para sus desarrollos personales. Sin embargo, gritarse unos a otros frente a sus hijos nunca es una buena idea y puede molestarlos significativamente y enseñarles todas las lecciones equivocadas sobre cómo hablar con las personas que aman.

Situaciones familiares

Las circunstancias propias de tu situación familiar influirán en las opciones y herramientas que tienes a tu disposición como padre. Si eres un padre soltero o eres padre de familia con alguien con quien no estás en una relación romántica activa, las situaciones que deberás manejar y la forma en que las manejarás serán diferentes a las que te enfrentarías si tuvieras una pareja con la que criar a tus hijos.

Hay muchos tipos comunes de situaciones parentales y en todos ellos es posible adoptar una crianza positiva que acompañe a tus hijos en su crecimiento con amor, respeto y diálogo para que puedan tener más herramientas en su desarrollo. Entraremos en detalle con respecto a algunos tipos comunes de situaciones parentales, las complicaciones que surgen de cada una y cómo puedes abordarlas de manera efectiva sin importar tu situación individual.

Crianza de los hijos en pareja

La familia nuclear occidental tradicional consta de dos padres y sus hijos, con los padres casados o conviviendo y manteniendo una relación íntima entre ellos, además de criar a sus hijos juntos. Cualquier tipo de co-paternidad requiere trabajo en equipo, por supuesto, pero esta situación particular involucra a dos personas que además de trabajar juntas para criar a un niño, también tienen que trabajar juntas para mantener su propia relación romántica. Esta dinámica adicional dentro de la unidad familiar puede complicar el acto de criar a los niños o facilitarlo, dependiendo de la relación que la pareja tenga o pueda construir para acompañar a sus hijos de una mejor manera.

La forma en que la crianza de los hijos como pareja influye en el desarrollo de los niños en una familia varía ampliamente entre las diferentes parejas, pero hay algunas áreas clave que se ven afectadas por esta situación particular de crianza:

- **Dar el ejemplo:** Como el principal modelo de relación romántica que tus hijos perciben, la dinámica que compartes con tu pareja será internalizada por los niños y utilizada como la barra contra la cual medirán todas sus futuras relaciones románticas. Tanto si tu relación carece de valores centrales como la confianza, el respeto, la honestidad o el esfuerzo, como si la interacción que tienes con tu pareja se ve subrayada por la agresión o la malicia, tus hijos lo entenderán y lo considerarán normal, porque tienen poca idea de cómo se supone que es una relación íntima. Establecer un mal ejemplo de una relación para tus hijos podría tener innumerables repercusiones para ellos más adelante en la vida al darles ideas distorsionadas de lo que es aceptable dentro del contexto de una relación. Además, no podrás inculcarles el diálogo, la confianza o el respeto mutuo si no puedes mostrarles que sus padres lo tienen.

- **Argumentos y disputas:** Cualquier argumento y disputa que tengas con tu pareja tendrá un impacto en tus hijos porque verlos relacionarse es la herramienta que tienen los chicos para empezar a conocer cómo se maneja el mundo y las personas en él. Si lo manejan mal, con gritos e insultos, en lugar de sentarse y hablar tranquilamente a través de las disputas, sus hijos se darán cuenta de esta negatividad y falta de respeto entre ustedes dos. Les demostrarán que la forma correcta de manejar un desacuerdo es la violencia, en lugar de manejar las cosas de manera madura y con paciencia y comprensión.

- **Autoridad unificada:** Tú y tu pareja representan los dos puntos principales de autoridad en su familia y si no se ponen de acuerdo respecto a las decisiones uqe van a tomar, no podrán demostrar a sus hijos qué es lo mejor para ellos o por qué. Los desacuerdos están bien y son normales en cualquier pareja, pero cuando se toman decisiones, se debe adoptar una postura unificada. Tienen que ser padres en equipo. Si salen de compras y su hijo quiere comprar un juguete nuevo que sabe que no pueden pagar, pero tu pareja dice que sí, hay un problema; de repente, eres el chico malo en los ojos de tu hijo, aunque estés haciendo la llamada correcta. Si puede cooperar y comprometerse, puede presentar un frente unificado y consistente a sus hijos.

- **Comunicación:** Es esencial que tanto tú como tu pareja generen una comunicación fluida para poder tomar decisiones en conjunto. Si alguno de ustedes necesita tomar una decisión no trivial, es mejor consultar primero al otro, de lo contrario, corren el riesgo de un desacuerdo que los obligue a retroceder, y el frente unificado se rompería. También deben estar ambos al tanto de las cuestiones cotidianas de los chicos, como su comportamiento reciente o los problemas con los que han estado luchando para que ambos estén debidamente equipados para poder acompañar a los niños en sus desafíos cotidianos.

- **Actitudes diferentes:** Ambos padres deben estar en la misma página para practicar adecuadamente la crianza positiva. Si tú o tu pareja no están comprometidos con el proceso, el resultado será una inconsistencia permanente que sólo confundirá a sus hijos y cultivará desconfianza y sospecha. Si sus hijos no saben que pueden esperar reacciones constantes y consejos de sus padres, estarán más inclinados a mentir sobre cosas para evitar conflictos y meterse en problemas, y es menos probable que sean honestos con ustedes. Si uno de sus padres tiene una actitud diferente, menos empática y comprensiva hacia la crianza de los hijos, sus hijos se encontrarán eligiendo favoritos y adaptando su comportamiento de acuerdo al padre que esté cerca, lo que inevitablemente conduce a un agujero de conejo de más problemas en la pareja y la relación que tienen con sus hijos.

Cuando intentan implementar una crianza positiva como pareja, deben tener en cuenta estos factores. Les resultará muy difícil tratar de criar a sus hijos de manera positiva si uno de los aspectos más fundamentales de su familia, la relación central de la que deriva y gira, no es positiva en sí misma. La crianza de los hijos en pareja presenta los desafíos propios de cualquier relación romántica que deberían ser abordados de la misma manera positiva en que abordan los problemas con sus hijos.

La clave aquí es asegurar que su relación y sus hijos sean tratados con el mayor respeto, comprensión y paciencia posibles. Tienes que hacer un esfuerzo para garantizar que tu relación con tu pareja sea sólida y comprometida, y no se descuide como resultado de la inmensa tensión que a menudo puede causar la crianza de los hijos. Cualquier problema dentro de la relación de pareja debe ser tratado rápidamente para evitar que el resentimiento se infecte y erosione el vínculo que comparten.

Paternidad compartida fuera de una relación

En la actualidad, un número cada vez mayor de personas adopta la forma de co-crianza o crianza cooperativa, sin tener una relación romántica con la persona con la que están compartiendo la crianza. Esto puede referirse a gran número de diferentes circunstancias parentales como ex parejas que han tenido hijos antes de separarse pero continúan compartiendo la responsabilidad de criarlos, abuelos que ayudan a sus hijos a criar a sus propios hijos porque de lo contrario serían padres solteros, hijos adultos que ayudan a sus padres a criar a sus hermanos cuando hay una diferencia de edad significativa o padres con sus propios compañeros que también se involucran, entre tantas otras opciones.

Este tipo de situaciones parentales es similar y, sin embargo, difiere significativamente de una que se da dentro de una relación romántica porque los deberes de los criadores se comparten entre dos (o a veces más) personas, y por lo tanto se requiere trabajo en equipo y unidad, pero no existe una relación íntima en el corazón de la familia en la que todo lo demás gire y, por lo tanto, la interacción y los modelos que se presentan a los niños en esta situación son diferentes.

A pesar de lo que algunas personas tienden a creer sobre la forma correcta de criar a los hijos, la crianza compartida de esta manera no es algo inherentemente bueno o malo. Los niños son muy buenos para adaptarse a diferentes situaciones y combinaciones de padres, siempre que haya una base estable que consista en figuras parentales en las que puedan confiar plenamente, con las cuales dialogar y formar un vínculo estrecho. En algunas de estas variaciones, los niños podrían no estar expuestos a las relaciones románticas de adultos de la misma manera que lo estarían si sus padres estuvieran juntos. Nuevamente, esto no es un problema, siempre que se presenten a los niños buenos ejemplos de interacciones sanas y maduras entre los adultos.

Además de los problemas de comunicación, autoridad unificada, actitudes, argumentos y disputas diferentes que aparecen en cualquier relación de co-crianza, este tipo particular de situación parental plantea problemas únicos por sí mismos. Es común que los niños criados de esta manera se sientan inseguros o incluso no deseados porque su situación parental en el hogar no coincide con lo que ven y escuchan en la televisión, internet o incluso de sus compañeros que hablan de familias convencionales. En esta situación, es importante asegurarse de que los niños se sientan amados, aceptados y cuidados por todos los involucrados en su crianza. Deberían tener a alguien a quien puedan recurrir en cualquier situación y hablar sobre cualquier cosa, de lo contrario, podrían carecer del tipo de red de apoyo de aceptación y comprensión incondicional que los niños necesitan tan desesperadamente.

Otro factor que debes tener en cuenta es garantizar que tus hijos se sientan adecuadamente valorados y queridos por todos los involucrados en su crianza, especialmente si se trasladan semanalmente entre diferente hogares. Los niños en esta situación a menudo tienen la clara impresión de que uno o más de sus padres no los desean, especialmente si sienten que las cosas han cambiado y que ya no son tan importantes para las personas que los crían como lo fueron antes. Los niños son sensibles y pueden ser fácilmente heridos por lo que perciben, independientemente de si es realmente lo que se les quiere mostrar. Ellos carecen del desarrollo emocional y mental y la experiencia de vida necesaria para realmente poner las cosas en contexto y ver los problemas desde otros puntos de vista. Todo lo que saben es que se sienten molestos y sin prioridad, y una vez que el resentimiento ha echado raíces puede pudrirse y crecer y llegar a ser extremadamente difícil de superar.

Los niños pueden tener cicatrices duraderas de situaciones en las que se sienten no amados o no deseados que seguirán en ellos hasta su vida adulta. Cuando se trata de problemas como la separación de sus padres, la incertidumbre y la inseguridad que sienten se multiplican por diez. Algo tan simple como que uno de sus padres se mude y consiga un perro puede hacerles sentir que han sido reemplazados como si sus padres ahora estuvieran libres de ellos y hayan decidido invertir su tiempo y energía en otra cosa en su lugar. O si han vivido las discusiones previas a una separación, en verdad pueden llegar a creer que son los responsables de ella.

Los tipos de paternidad conjunta no convencionales, como los abuelos de un niño que ayudan directamente a criarlo, pueden causar problemas adicionales en su desarrollo que deben abordarse con una mayor presencia, diálogo y contención que en otras situaciones. Los abuelos podrían no estar tan al tanto de la realidad del mundo que enfrentan las generaciones jóvenes hoy en día, especialmente con respecto al papel de las redes sociales e internet. Por lo tanto, es esencial que si esta es la situación en la que está involucrado, tome un interés activo tanto en la vida cotidiana de su hijo como en los problemas únicos que enfrentan para que tenga una mejor idea de cómo manejar las cosas cuando surgen problemas.

Padres solteros

Un padre soltero es alguien que representa a toda la unidad parental, incluso si recibe ayuda de otros miembros de la familia con el cuidado de los niños. Si usted es la única persona con una relación parental directa y cotidiana con sus hijos, es un padre o madre soltero. Esta situación viene con una gran cantidad de problemas particulares que deben abordarse para practicar de manera adecuada y efectiva la crianza positiva. Y aún así, ser padre soltero conlleva ventajas. Por un lado, solo eres tú, por lo que no hay necesidad de preocuparte por unificar tu enfoque ni en ninguna de las otras dinámicas que entran en juego en crianzas cooperativas. Algunos de los problemas que debe tener en cuenta son:

- **Disciplina:** Este puede ser un problema difícil de abordar para padres solteros, especialmente si los chicos están siendo influenciados por otras personas (como otros niños en la escuela), son agresivos y se cierran ante cualquier intento de ayudarlos a rectificar su comportamiento o resaltarles que la forma en que actúan no es aceptable. En un mundo ideal, practicar la crianza positiva desde el principio debería, en su mayor parte, prevenir problemas de esta naturaleza, pero esto solo es posible si conoces la teoría de la crianza positiva desde el principio y si la has aplicado en profundidad. Recuerda que todo lo que puedes hacer es dar lo mejor de ti mismo con la información que tienes en todo momento. Los niños de todas las edades pueden verse fuertemente influenciados por sus compañeros y las experiencias difíciles o traumáticas pueden conducir a un comportamiento inapropiado, independientemente de tus intentos de guiarlos en la dirección opuesta. Es posible que sientas que la presencia de una pareja te ayudaría a hacer más sólida tu posición y así contener mejor al niño cuando lo necesita para que aprenda sobre disciplina y te haga caso cuando lo retas, y es cierto que la presencia de otro padre proporciona opciones más flexibles para calmar a los niños, hablar con ellos y explicarles el punto de vista del otro padre cuando ha habido un desacuerdo. Manejar la disciplina como padre soltero es notoriamente complicado, pero no por eso imposible. Tener una sólida red de apoyo de familiares y amigos que conozcan bien a tu hijo y puedan ayudarte a intervenir cuando lo necesites puede ser de gran ayuda. Recuerda que cuanto más diálogo tengas con el niño, mejor podrá comprender por qué le pides que se comporte bien o que no hagas berrinches y juntos podrás construir una relación sólida en la que puedan conversar sobre lo que él siente y pensar cómo canalizarlo para que no derive en un mal comportamiento.

- **Carga financiera:** Ser padre soltero a menudo conlleva muchas dificultades financieras. Es difícil mantener a una familia con un solo ingreso, y, a la vez, tener suficiente tiempo para dedicar a tus hijos. No hay una manera fácil de salir de este tipo de situación. La planificación y el presupuesto son tus mejores amigos aquí. Debes encontrar un equilibrio que funcione para que tu familia tenga un techo sobre que los proteja, una buena alimentación y los insumos que necesitan en el día a día. Enfócate en estas cosas que son las más importantes y recuerda que no es necesario llenar de juguetes a los niños si les explicas que no pueden comprarlos y enseñarles a jugar y divertirse con lo que tienen.

- **Cuestiones específicas de género:** Los padres solteros con hijos del sexo opuesto a menudo pueden tener dificultades porque les resulta difícil relacionarse con algunas situaciones que son en gran medida específicas del género de los niños, como un padre soltero con una hija que comienza a pasar por la pubertad o una madre soltera luchando por relacionarse con su hijo adolescente. Como padre, es tu trabajo sumergirte de cabeza en problemas incómodos y difíciles y hacer todo lo posible para apoyar y guiar a tus hijos, sin importar cuán poco sepas del tema o de una situación en particular. Investiga en internet, consigue libros o mira videos en línea para comprender mejor los problemas que enfrenta su hijo, busca un especialista que pueda asesorarte y pregúntale cómo puedes acompañarlos mejor en las situaciones que están viviendo.

La importancia de los buenos modelos a seguir

Un aspecto extremadamente importante del desarrollo de un niño es la presencia de modelos adultos a los que va a seguir. Se trata de que puedan encontrar a alguien para admirar e imitar su comportamiento, pero también a quien pueda consultar cuando tiene algún problema o necesita comprender mejor una situación. Los niños aprenden principalmente a través de la observación y la imitación, por lo que esta es una parte crucial de su crecimiento.

Un niño debe tener a un adulto en su vida que les dé un buen ejemplo en términos de cómo piensan, hablan y se comportan las personas más grandes, qué pasos pueden seguir y qué camino positivo en la vida pueden emular. En esta época, las familias no convencionales se están volviendo cada vez más comunes, lo que significa que cada vez más niños encuentran gran cantidad de adultos a su alrededor y les resulta más difícil identificarse con alguno de ellos. En esos casos, es muy importante asegurar al niño espacios de diálogo para que pueda consultar con los adultos todo lo que desee y plantear sus propios deseos y dudas para que toda la familia lo ayuda a construir su propio modelo de adultez.

Ha habido una tendencia en los últimos años como resultado de la creciente aceptación en la sociedad de combinaciones parentales no convencionales, como las parejas de padres homosexuales o transgénero, así como la tendencia a criar hijos sin presionarlos para que se ajusten a cualquier tipo de expectativas de género. A pesar de los prejuicios más comunes, nada de esto es perjudicial para el desarrollo de los niños: ellos crecerán bien independientemente de si tienen una madre y un padre, dos padres del mismo sexo o un padre transgénero. Sin embargo, estas situaciones (como cualquier situación parental) plantean problemas particulares que se deben atender. Por ejemplo, si dos padres varones están criando a una hija, deben asegurarse de que ella tenga la presencia de un modelo femenino positivo en su vida, a fin de proporcionarle a alguien con quien se identifique fuertemente y a quien pueda consultar sus dudas y contar sus deseos.

Sin un modelo a seguir fuerte, los niños pueden tener dificultades para abrirse camino en el mundo. Es posible que se sientan perdidos o sin rumbo, y pueden fácilmente encontrarse con referencias complejas a las que seguir, a quienes imitarán sin que estas tengan una idea o responsabilidad clara de cómo guiar al niño en su proceso de crecimiento o qué herramientas proporcionarle y cuáles no. Este es el tipo de proceso que puede llevar a que los jóvenes se enamoren de figuras que consideran fuertes y con un gran poder, como adultos mucho mayores que ellos, personajes violentos o miembros de pandillas que les ofrezcan un sentimiento de pertenencia, camaradería y dirección que de otra manera les faltaría en su vida.

Si te aseguras de que tus hijos tengan modelos a seguir que los cuiden mientras les muestran cómo es la vida adulta, juntos podrán construir una personalidad preparada para enfrentar los desafíos de su vida. Los niños son como esponjas: absorben las cosas a las que están expuestos y las internalizan para sobrevivir en cualquier circunstancia en la que se críen, por eso es tan importante que se rodee de personas y experiencias positivas y alentadoras, para empezar a construir su futuro.

Primer ejercicio sobre crianza positiva

Reflexiona

Ya hemos hablado mucho sobre la crianza positiva y ahora es momento de que hagamos una pausa para que puedas reflexionar sobre todo lo que leíste hasta ahora. ¿Llegas a comprender el alcance de este método? ¿Crees que podrías aplicarlo a tu familia para mejorar la relación con tus hijos? Tómate el tiempo que necesites para procesar esta teoría, la forma en que aborda el acto de la crianza y cómo se aplicaría a tu propio papel como padre.

Respira profundamente e intenta relajarte para entender de lo que estamos hablando independientemente de las dificultades que tienes en mente ahora mismo. No pienses en lo pasaste ayer al llegar a casa sino en tus hijos como personas y en qué es lo mejor para ellos de cara al futuro. Y recuerda que al final del día, todo lo que puedes hacer es dar lo mejor de ti y asegurarte de que realmente eliges cómo relacionarte con tus hijos y cómo criarlos, en lugar de solo dejar que las cosas de desarrollen solas.

Podría serte de mucha ayuda tomar un poco de papel y un bolígrafo para anotar algunas ideas que te vengan a la mente al leer sobre este tema. ¿Cómo te sientes acerca de la idea de ser padres positivamente? ¿Cómo se relaciona con sus propias experiencias como padre y como hijo ya criado? ¿Cómo crees que puedes ayudar a tus hijos a convertirse en las mejores versiones de sí mismos y tener una vida propia brillante y satisfactoria?

Y también puedes pensar en todas esas experiencias de paternidad que conoces como de tus hermanos a tus sobrinos, tu amigos o gente a la que has visto relacionarse con sus hijos. Piensa en los modos que ellos tienen y si se trata o no de una crianza positiva y si tienen alguna herramienta interesante que podría serte muy útil.

No solo mires: observa

La mente humana es brillante al concentrarse y prestar atención a una cosa a la vez. Esto nos permite conocer todos los detalles de lo que nos estamos centrando. Sin embargo, también puede dificultarnos ver la imagen más grande. A veces puede ser difícil ver el bosque porque te estás enfocando en los árboles. Aprender a ver realmente el contexto completo de cualquier situación implica dar un paso atrás y observar cómo los diferentes factores encajan y se combinan para formar una compleja serie de partes interactivas que se influyen mutuamente y dependen unas de otras. Piense en ello como un rompecabezas. No puede mirar cada pieza individual una a la vez, una tras otra, y esperar completarla. Tienes que dar un paso atrás para ver cómo se reconstruye todo. La crianza de los hijos es en gran medida un proceso de retroceder y ver el panorama general, por lo que practicar esta habilidad te ayudará sin fin.

Imagina que te sientes abrumado y te enfrentas a una situación que te hace querer gritar o romper algo. Quizás acabas de gastar mucho dinero en arreglar la habitación de tu hijo, solo para entrar y descubrir que ha dibujado las paredes con un rotulador. Responder a este escenario perturbador y estresante de una manera positiva y constructiva implica alejarse mentalmente de la escena y hacer un inventario de cómo se juntan todas las pequeñas piezas. Ha invertido el tiempo, el esfuerzo y el dinero ganado con esfuerzo para crear un ambiente agradable para su hijo, y en solo unos momentos han logrado arruinarlo. Está comprensiblemente molesto, por lo que su reacción natural probablemente será de ira y decepción. Mirar el panorama general aquí significa comprender su propio estado mental y pensar en por qué se decidió a darle una buena habitación donde pueda jugar y luego ponerse en el lugar de su hijo e intentar entender por qué la arruinó. Los niños carecen del nivel de desarrollo emocional y mental necesario para comprender completamente lo que han hecho: dibujar en las paredes fue un acto inocente de creatividad, no un intento de fastidiarte o arruinarte todo el trabajo duro que hiciste. Además, quizás no tuviste aún el momento de conversar con él sobre por qué era importante decorar ese espacio o cuántos beneficios le traería y el costo que implicó. O tal, vez no lograste hacerlo con él y solo lo hiciste creyendo que le gustaría tal o cual cosa en lugar de escucharlo y hacerlo partícipe.

Ser capaz de ver esto por completo en este momento te permitirá tragar tu ira y manejar la situación de una manera más comprensiva y productiva. En lugar de enojarte y gritarle al niño, podrías explicarle con calma que se gastó mucho tiempo y dinero en decorar su habitación y que al dibujar en las paredes ha arruinado ese trabajo o herido tus sentimientos por no valorar lo que habías hecho.

Si logras explicárselo de buena manera, será más efectivo para ayudar al niño a comprender por qué lo que ha hecho es inaceptable y corregir este comportamiento, de cara a evitarlo en el futuro. Si por el contrario, eliges gritarle y retarlo por lo que hizo, no solo estarás anulando los canales de comunicación entre ambos que se habían construido sino que generarás un momento negativo, estresante, y una experiencia perturbadora, tanto para ti como para él.

Es más fácil explotar y reaccionar de modo impulsivo que mantener la cabeza fría y abordar la situación con un enfoque reflexivo, pero a largo plazo vuelve más complejas las cosas. Si no logras mantener la calma en una situación como esta, no te castigues, solo eres humano y esta es una habilidad difícil de dominar. Solo sigue intentándolo y verás los resultados.

Ahora ya puedes empezar a aplicar la perspectiva de una crianza positiva en todos los aspectos de tu relación familiar, solo recuerda ser consciente de lo que haces y cada reacción que tienes para poder decidir realmente cómo quieres criar a tus hijos y qué herramientas les darás para que tengan un mejor futuro.

Segunda parte

La crianza positiva en acción

La comunicación es uno de esos conceptos escurridizos y resbaladizos que la mayoría de la gente entiende, teóricamente, pero pocos realmente comprenden su verdadero significado y potencial. Acá es un factor crucial en la relación entre padres e hijos y por eso es que debe quedarnos muy en claro.

Comunicación

Como seres humanos, somos animales extremadamente sociables. De hecho, somos los animales más sociables de la tierra. Nuestra capacidad de trabajar juntos como equipo nos ha permitido evolucionar, sobrevivir y progresar a la posición que ocupamos ahora, con una civilización global dominante que influye en todos los aspectos del mundo natural que nos rodea, para bien o para mal, y la comunicación ha sido la clave para nuestro desarrollo. Es el rasgo definitorio del ser humano ya que sin la capacidad de comunicarnos, careceríamos de los requisitos básicos para comenzar incluso a construir pensamientos e ideas complejas y hacerlo junto a los otros.

La comunicación es algo muy complicado que se extiende mucho más allá de nuestra relación con los otros y también nos permite construir junto a ellos los sentidos del mundo que individualmente tenemos y a través de los cuales lo comprendemos y hacemos propio. La comunicación es una habilidad que comienza a parecerse a una superpotencia cuando se desarrolla en gran medida. Toma este libro, por ejemplo: a través de la comunicación escrita, puedo proporcionarte información abstracta y compleja que vas a asimilar, procesar y luego aplicar en tu propia vida para beneficio propio y el de tu familia.

Hay dos deseos que prácticamente toda persona en esta tierra anhela y necesita, ya sea que lo sepan o no: ser amado y ser entendido. Como seres humanos, somos increíblemente similares entre nosotros y terriblemente únicos al mismo tiempo. La medida en que podemos comunicarnos con los otros es la medida en que podemos dar a los demás una idea de nuestro universo individual y también seguir construyéndolo en comunión con ellos. Si podemos comunicarnos bien, podemos permitir que otros echen un vistazo a la comprensión del funcionamiento interno de nuestras mentes y ayudarlos a comprendernos un poco mejor. Pero es imposible que nos entiendan completamente, ya que para comprender en verdad a otra persona tendríamos que pasar por cada una de las experiencias únicas de su vida que dieron forma a su mentalidad y al modo en que comprende al mundo.

La comunicación es el éter a través del cual desarrollamos nuestras relaciones con los demás y con nosotros mismos. Cuando nos comunicamos efectivamente, derribamos las barreras que nos dividen a cada uno y cultivamos lazos más fuertes, más empáticos, más conscientes y comprensivos con los demás. La comunicación, entonces, es la herramienta más efectiva que poseemos en nuestras relaciones con los niños. El desarrollo y el mantenimiento de excelentes canales de comunicación con tus hijos te conducen a una calle de dos vías para que puedas comprenderlos y ellos a ti, lo que los ayuda a compartir mejores momentos y será tu herramienta principal para poder guiarlos de manera positiva. Tener conversaciones abiertas, honestas y maduras con sus hijos es esencial para una crianza positiva.

Cómo comunicarse mejor

Cuando se trata de aprender a comunicarte mejor con tus hijos, lo esencial es que decir lo correcto de la manera correcta es solo la mitad del proceso, y podría decirse que es la parte menos importante.

El arte de escuchar, al igual que el arte de hablar, puede ser una habilidad difícil de practicar de modo consciente y la verdad es que a la mayoría de las personas les resulta mucho más fácil hablar que escuchar. La razón por la que esto es tan común es que hablar es una práctica activa, mientras que el escuchar es pasivo. Las habilidades activas nos hacen sentir como si estuviéramos tomando el control de las situaciones y poniéndonos en primer plano, como si de repente fuéramos lo más importante, pero en verdad es una forma de evitar hacernos cargo de los problemas y sensaciones de los demás y nos impide construir lazos más fuertes para con ellos. Hablar puede ser inmensamente satisfactorio y un alivio más fácil: si tienes algo que pesa mucho en tu mente, abrirte y confiar en alguien puede quitarte la presión de los hombros casi al instante, pero recuerda que también es así para los demás y dales el lugar para que puedan hacerlo.

Las actividades pasivas como escuchar no tienen este aspecto intrínsecamente gratificante. Sin embargo, eso no quiere decir que escuchar no sea gratificante. De hecho, en mi opinión, es una de las cosas más gratificantes que puede hacer una persona. No obstante, la naturaleza gratificante del escuchar es más difícil de alcanzar. Implica procesar las palabras de las otras personas, tomarlas verdaderamente en cuenta y proponernos aprender más sobre ellas, comprenderlas más profundamente, y también al conocer sus puntos de vista y el valor de las cosas que dicen, podremos aprender y comprendernos mejor a nosotros mismos.

Escuchar realmente no es tan difícil como la gente cree que es. Solo presta atención a lo que dice otra persona y reflexiona sobre las palabras que usa y su significado. Cuando tu hijo habla, escúchalo. Resiste el impulso de hablar y de explicarle cosas, a menos que sea para alentarlos a revelar sus pensamientos y sentimientos. Si puedes acostumbrarte a escuchar a tus hijos con más atención, descubrirás que ellos también podrás escucharte a ti y la comprensión mutua que ambos comparten será cada vez más profunda.

Para comunicarte mejor, escucha atentamente y haz preguntas interesadas en saber más sobre la persona con la que estás hablando. La comunicación es una experiencia interactiva, por lo que también tendrás la oportunidad de hablar y cuando lo hagas, intenta conectar cada vez más con esa persona. Si, por ejemplo, tu hijo te cuenta sobre su día en la escuela, participa por completo en la experiencia que comparten, presta atención a los pequeños detalles y ponte curioso por construir una imagen más clara del mundo que tu hijo experimenta todos los días. Si te cuenta algo de lo que dijo su maestro, puedes preguntarles qué piensa al respecto, qué piensan sus compañeros o por qué razones estudian esos tema para fomentar que reflexionen mejor sobre su vida y pueda narrarla a otros.

El potencial que existe para aprender sobre la experiencia de otra persona como ser humano es infinito. Si puedes cultivar un gran interés en la vida de tus hijos, puedes establecer una relación más profunda y significativa con ellos, construida sobre una base sólida de buena comunicación y cuando los guías en diferentes etapas de sus vidas ellos se interesarán más en lo que les dices o por qué lo haces.

Comunicación saludable

Hay muchos padres que se frustran cuando sus hijos hablan demasiado. Les piden que se callen porque los encuentran molestos o porque están tratando de concentrarse en otra cosa. Todos nos frustramos de vez en cuando, pero estos son ejemplos de comunicación poco saludable que conducirán a problemas más adelante porque un niño tras esta experiencia se siente invalidado y puede llegar a creer que a sus padres no les importa él ni lo que tiene que decir. Se sienten insignificantes, irrelevantes y pequeños. Estas impresiones pueden imprimirse en su psique por el resto de su vida, influyendo en sus futuras relaciones y felicidad de una manera muy negativa.

Como ya he mencionado, la comunicación es una calle de doble sentido. La comunicación saludable requiere mucho dar y recibir. Debes tomarte el tiempo para escuchar a tus hijos y hacer que se sientan validados para mostrarles que su opinión ha sido escuchada y valorada por todos en la familia. Debes permitir que tus hijos digan lo que piensan, que se escuchen sus voces y que ellos mismo se sientan partícipes de la vida familiar y capaces de moldearla si no les gusta.

Una excelente manera de hacer esto un hábito para todos, es tener comidas familiares cada día donde todos tengan la oportunidad de hablar, escucharse unos a otros y puedan sentirse respetados. Además, tómete el tiempo para hablar regularmente con cada uno de tus hijos para desarrollar la conexión personal que compartes con ellos.

Por supuesto, no puedes enfocar toda tu atención en ellos constantemente. Tienes cosas que hacer, y los niños tienden a no dejar de hablar porque son relativamente nuevos en el mundo y, por lo tanto, están totalmente fascinados por prácticamente cada nueva experiencia que ven. Parte del desarrollo de una comunicación saludable es aprender a equilibrar tu tiempo y ayudar a tus hijos a comprender este equilibrio. Si tu hijo reconoce que cuando estás ocupado no podrás hablar con él pero que lo compensarás más tarde, mientras tanto se sentirá mucho más seguro de sí mismos y cómodo para hacer sus propias cosas, sabiendo que obtendrán la conversación y la interacción cercana que desean, pronto.

La forma más efectiva de enseñar a tus hijos lecciones, es a través de una comunicación saludable. Sentarlos regularmente y tener conversaciones buenas, largas, profundas y honestas con ellos en las que juntos puedan construir la idea que quieres transmitirles y el modo en que pueden interiorizarla.

Cuando te tomas el tiempo de tener conversaciones como esta con tus hijos, les estás enseñando cómo comunicarse de una manera saludable mostrándoles cómo hablar y escuchar de una manera abierta y honesta. La paciencia y comprensión que pones en escucharlos se asocia a un beneficio concreto que es el poder comprenderlos mejor y así aprenden cómo hacer lo mismo contigo y con los demás.

Tener conversaciones tranquilas y amorosas como estas, podría sentirse fuera de lugar para algunas personas que no están acostumbradas a conectar verdaderamente con los demás o que esperarían hacerlo con otros adultos, en lugar de con los niños. Sin embargo, los chicos entienden de una manera mucho más profunda de lo que solemos creer. Mantener este tipo de conversaciones con tus hijos significará que con el tiempo serán mejores comunicándose y comprendiendo a los demás. Todos quieren ser entendidos, y las buenas conversaciones representan una gran oportunidad para que esto suceda.

Las ventajas de una buena comunicación

Tener una buena comunicación con tus hijos les abre una cantidad inmensa de puertas y posibilidades en su crecimiento y desarrollo personal Porque van a tener:

- Una mayor capacidad de autorreflexión

- Un gran sentido de la responsabilidad

- Una naturaleza moderada y razonable, que se basa en la consciencia y la racionalidad

- Cortesía y paciencia para con los demás

- Mayor madurez

- Una mayor comprensión del mundo y su lugar dentro de él

- Mejor consideración y un mayor sentido del respeto por los demás y por ellos mismos

- Una naturaleza honesta y abierta

- Una perspectiva introspectiva e inquisitiva

- Mejor autoestima

- Una inteligencia emocional bien desarrollada y regulada

- Mayor preparación para tomar buenas decisiones

Este es el tipo de actitudes que se internalizan y se adhieren a una persona a medida que crecen y construyen su propia comprensión del mundo y la forma en que son las cosas. Y así, llegan a ser su forma de mirar el mundo y a ellos mismos, una herramienta que pueden usar para abordar y superar cualquier obstáculo que encuentren en su vida.

Los beneficios que este proceso contiene para el desarrollo emocional de un niño son especialmente influyentes a la hora de construir su futura felicidad y satisfacción. Somos seres altamente emocionales, nuestras emociones son la fuerza impulsora detrás de las decisiones que tomamos y los caminos que elegimos tomar a lo largo de nuestras vidas. Por eso, la comunicación y la comprensión de nuestras emociones son las claves para llevar una vida feliz y plena. Por el contrario, las personas con inteligencia emocional poco desarrollada tienden a ser mucho más infelices e impulsivas, con una calidad de vida y un nivel de vida más bajos, un hábito de pensar en los errores del pasado y cuánto les falta en lugar de apreciar las cosas buenas de su vida, una atracción a situaciones dramáticas y de confrontación, una mentalidad de 'víctima' que resulta en una capacidad reducida para asumir la responsabilidad de sus propias acciones, y una capacidad reducida para desarrollar relaciones íntimas, amistades fuertes y estables. Si puedes cultivar estas cualidades en tu hijo, le darás una excelente oportunidad de vivir una vida exitosa, contenta y pacífica, llena de amor y disfrute.

Manejo de conflictos

La comunicación también es la clave para lidiar efectivamente con situaciones difíciles. El conflicto es algo muy natural para nosotros y deviene de una tendencia a proteger nuestros propios intereses y, por extensión, los de las personas y las cosas que nos importan. Cuando sentimos que estos están amenazados de alguna manera, nuestra respuesta instintiva es asustarnos y enojarnos. Así hemos asegurado nuestra supervivencia durante toda la historia de la raza humana y está programado en nuestro ADN.

Por eso es tan importante que ayudes a tus hijos a superar estos sentimientos tan intensos y lidiar con los conflictos que enfrentan de un modo más racional y sin dejarse llevar por los impulsos. También será una herramienta muy interesante que los ayude a todos los miembros de la familia a manejar la presencia de conflictos dentro de su propio hogar a través de la comunicación.

Para algunos padres, la forma de lidiar con el conflicto es el castigo y la ira, imponer una autoridad haciéndoles notar que para un mal comportamiento hay una reacción igualmente mala. Así, cualquier conflicto se vuelve un espacio donde reafirmar las relaciones jerárquicas entre padres e hijos en lugar de provocar una mejor escucha y posible resolución de las razones subyacentes del conflicto y genera una relación tensa entre los involucrados. Todo lo que hace es empeorar las cosas y generar un resentimiento que no será olvidado con facilidad, además de enseñar a sus hijos que deben callar y obedecer porque su voz no puede ser tenida en cuenta.

Un punto importante a destacar aquí es que las personas harán lo que tengan que hacer, para defenderse y proteger sus egos del daño y la humillación, sin importar la edad que tengan. Es posible que tus hijos incluso te griten y chillen cuando están extremadamente nerviosos. Tienes que esforzarte al máximo para evitar tomar esto personalmente. Por supuesto, es un comportamiento inaceptable, pero en un momento problemático, tu hijo se siente totalmente justificado en lo que está haciendo y no le importa especialmente si no estás de acuerdo. Es perfectamente natural que los chicos reaccionen de esa manera, pero dependerá de ti, convertir el conflicto en paz, conversar sobre lo que lo provoca y calmar la situación, sin prestarte a un juego infantil de egos en el que pueden dañarse mucho unos a otros.

Cada vez que se inicia un conflicto, lo primero que debes hacer es separar a las personas involucradas y darles tiempo para calmarse. Cuando las personas están enojadas y molestas, tienen una gran carga emocional detrás que no los deja actuar de modo consciente. Carecen de la capacidad de pensar las cosas detenidamente. Quieren gritar y romper cosas, y eso es exactamente lo que harán si intentas resolver el conflicto allí mismo. Nada productivo va a suceder mientras todavía estén en esa mentalidad. Una vez que todos los involucrados se hayan calmado, puedes conversar para llegar al fondo de lo que ocurrió y aclarar todos los hechos. Si tu hijo está muy enojado, molesto y no le dice qué sucedió, haz todo lo posible para evitar frustrarte con él, porque eso solo empeorará el problema. Solo se cerrará y bloqueará aún más si no siente que puede recibir el amor y el apoyo que tan desesperadamente necesita cuando enfrenta circunstancias difíciles en su vida.

Es aconsejable tener en cuenta que las causas fundamentales del conflicto a menudo son muy difíciles de percibir para un observador externo. Una persona puede tener un profundo dolor emocional, sentir la presión todos los días de su vida, y solo darnos una señal de que está en problemas cuando, por algún conflicto se deja llevar por las emociones y el dolor se manifiesta en forma de ataque. Por ejemplo, si su hijo es intimidado en la escuela cada día pero siente que es su culpa y por eso hace todo lo posible para mantenerlo en secreto ante cualquier persona, el algún momento en que se encuentre muy frustrado y malhumorado por alguna otra razón la ira que guarda dentro saldrá. Si ves que su mal comportamiento no tiene una causa discernible, intenta indagar más allá y comprender cómo se siente en todos los aspectos de su vida para poder ayudarlo. Todos debemos mantener una mente abierta cuando nuestros hijos están lastimados y no nos dicen por qué y hacer nuestro mejor esfuerzo para estar allí para ellos y recordarles que los ayudaremos cuando se sientan listos para hablar con nosotros y mientras tanto podemos acompañarlos en su dolor.

Tu hijo a veces necesitará tiempo para procesar lo que está pasando hasta el punto en que se sienta capaz de hablar al respecto. Mientras tanto, si notas que algo le sucede, brindale todo el amor, el aliento, la comprensión y el espacio que puedas para reducir la presión que siente. Y muy pronto verá que acude a ti en sus propios términos para abrirse y pedir consejo.

Pero antes de que alguien pueda poner en palabras lo que siente, debe poder sentirse lo suficientemente cómodo como para hacerlo. Tu trabajo es cultivar una atmósfera donde el niño sienta que puede hacer abrirse, no romper su caparazón por la fuerza bruta y hacer que te hable sobre lo que está sucediendo, porque no lo lograrás.

Cuando finalmente tengas la oportunidad de hablar con las personas involucradas en cualquier conflicto de manera adecuada, hay dos cosas que debes abordar. La primera es discutir cualquier problema o queja subyacente que haya provocado el conflicto, determinar de dónde proviene para ver cómo resolverlo. Y lo segundo es dejar en claro que no importa lo que suceda, el conflicto no es la forma de lidiar con las emociones o malas relaciones con los demás.

Los estallidos de ira o violencia, los gritos o abusos no son para nada productivos. Debes explicarles que las emociones negativas nos hacen sentir débiles y nos provocan a perder más fácilmente el control de nuestro comportamiento, como si estuviéramos viendo cómo le sucede a alguien más que a nosotros mismos, para dejar en claro de lo que somos capaces. La forma de abordar estas cosas es ayudar a tu hijo a comprender que está bien sentir esas emociones negativas o debilidad a veces, pero la mejor manera de reaccionar ante estos sentimientos, sin embargo, es simplemente dejarlos estar allí. Si simplemente pueden aceptar que están allí y que está bien sentirse así, no importa cuán difíciles sean de experimentar, sus sentimientos negativos ya no los dominarán. Recomendales alejarse de cualquier situación que tenga el potencial de conflicto tan pronto como sea necesario para poder calmarse y evitar empeorar un mal momento.

Cuando estamos involucrados activamente en un conflicto en el que gritamos y causamos drama, permitimos que nuestras emociones se apoderen de nosotros. Hemos perdido el control sobre nosotros mismos y nuestra realidad cotidiana tranquila y pacífica nos ha sido arrebatada, ya sea con o sin nuestro permiso. Evitar que esto suceda en el futuro implica aprender a regular nuestras propias emociones. Eso no quiere decir que debamos ignorar los malos sentimientos o fingir que no nos molestan, sino atenderlos tan pronto como nos demos cuenta de ellos y buscar aprender más sobre ellos y sobre por qué los sentimos. La respuesta siempre es entender.

Cuando podemos comprender las cosas que sentimos, podemos controlarlas mejor. Tenemos poder sobre ellas y nosotros mismos elegimos si consentirlos o simplemente dejar que se disipen lentamente. Enseñar a tus hijos cómo regular sus emociones los ayudará a avanzar en la vida con un juego de herramientas mucho mejor para manejar situaciones intensas y emocionalmente difíciles, evitando que surjan conflictos frecuentes y permitiendo que las cosas se hablen de manera tranquila y pacífica.

Enseña a tus hijos que todos podemos aprender a sentir un desapego de nuestros pensamientos y sentimientos. Son parte de nosotros, pero no tienen que definirnos. No tenemos que reaccionar de inmediato a los pensamientos que surgen en nuestras cabezas y las emociones que surgen dentro de nosotros. Simplemente podemos permitir que estén presentes y mirarlos con una especie de curiosidad desprendida, como si le estuvieran sucediendo a otra persona. Con esta perspectiva mejorada, podemos procesar la emoción de una manera más tranquila y racional. ¿Por qué nos sentimos así? ¿Qué lo causó? ¿Qué queremos hacer al respecto? ¿Qué debemos hacer al respecto? Adoptar este enfoque frente a los sentimientos negativos que experimentamos nos permite procesarlos y tratarlos de una manera saludable y constructiva al comprenderlos en lugar de simplemente dejarnos llevar por ellos sin pensarlo dos veces.

Estas herramientas les serán muy útiles a los chicos para desarrollarse en la vida y también a tu para que ellos se comporten mejor y eviten futuros berrinches. Pero recuerda que también debes adoptar esta perspectiva e interiorizarla para ya no generar conflictos con ellos y moverte de una mejor manera en la relación que están construyendo como familia.

Lidiando con el conflicto en la vida de tu hijo

El conflicto es una característica permanente de la vida misma, sin importar los esfuerzos que uno realice para evitarlo. Todos enfrentamos conflictos de vez en cuando y siempre es complejo hacerlo. Por esta razón es esencial que prepares adecuadamente a tu hijo para las dificultades que enfrentará a lo largo de su vida y te asegures de que entienda cómo procesar y regular sus estados emocionales. Y mucho más importante pero también más difícil es enseñarles cómo manejar los conflictos que enfrentan, especialmente cuando son otras personas las que están tan molestas que los causan.

La resolución de conflictos se trata principalmente de la actitud con la que nos acercamos a las circunstancias con las que nos enfrentamos. La resolución saludable de conflictos consiste en un estado mental que busca comprender los problemas y las quejas y calmar la tensión al hablar, en lugar de tratar de lidiar con problemas de agresión, gritos, insultos o violencia.

Se trata de comprender que lidiar con los problemas a través de los impulsos y emociones negativas que provocan solo los hace más complicados y nos quita el control de las situaciones reduciendo nuestra capacidad para enfrentarlas. La mejor manera de abordar el conflicto es tratar de ser razonables, cuidadosos y decisivos. Trata de enseñarle a tus hijos que la mayoría de los problemas que enfrentarán con otras personas se pueden resolver conversando si ellos son inteligentes al respecto.

Por eso es tan importante que puedan elegir sabiamente los momentos adecuados para discutir los problemas con otras partes en conflicto en un ambiente relativamente tranquilo y pacífico. Por eso generalmente es una buena idea dejar pasar el tiempo para que el polvo se asiente. Una vez que el diálogo está en marcha, es importante ser proactivo y disculparse por sus propios errores para alentar a otros a actuar de la misma manera.

Sin embargo, no todos los conflictos pueden resolverse de manera pacífica. Algunas personas no escuchan a la razón y solo buscan una pelea. Esto puede ser un problema tanto para niños como para adultos. Obviamente, no es una buena idea alentar la violencia física o el abuso verbal en ninguna circunstancia. Por eso enseña a tus hijos que deben buscar figuras de autoridad como maestros o adultos responsables para ayudar a calmar las situaciones tensas que podrían conducir a la confrontación física. Y sin embargo, esto tampoco es siempre posible. Es importante que los chicos sepan que vas a estar con ellos para defenderlos y cuidarlos haciéndoles saber que si están en peligro físico pueden contar contigo para comprender la situación y apoyar sus decisiones. Evitar conflictos no siempre es posible, así que enséñale a tu hijo a defenderse como pueda, cuando sea necesario.

Algunos niños tendrán más problemas que otros para procesar y regular sus sentimientos y comportamientos, especialmente cuando se trata de emociones extremadamente poderosas como la ira. Si tu hijo tiene muchas dificultades para controlar su enojo, entonces podría ser una buena idea consultar a un experto en el manejo de la ira para obtener consejos que se adapten a las circunstancias específicas de él o llevarlo a terapia para que un profesional vea si hay situaciones por detrás que debe procesar para relacionarse mejor con las personas. Ser un padre comprensivo, alentador y amoroso con una relación fluída para con su hijo, lo va a ayudar a progresar por sí mismo, seguro, sabiendo que su familia los está apoyando.

Además de buscar ayuda externa, hay algunas cosas más que puede hacer para ayudar a su hijo a controlar mejor la ira como:

- **Enseñarles a diferenciar entre sus sentimientos y su comportamiento:** Puedes ayudar a tu hijo a comprender mejor por qué se siente como se siente y mostrarle que no tiene que responder a ninguna situación de ninguna manera en particular. Enséñale que no importa qué tanto quiera reaccionar ante algo de cierta manera, siempre tienen una opción diferente y la capacidad de elegir por sí mismo qué hacer. Siempre existe la oportunidad de alejarse de las situaciones, reflexionar sobre ellas y decidir responder de un modo diferente, por mucho que parezca que no hay otra opción.

- **Mostrarle tus propias habilidades de manejo de la ira para que puedan observar e imitar:** Una de las mejores maneras de enseñar a tus hijos a manejar su ira de manera adecuada es mostrarles cómo lo haces, sobre todo respecto a sus propias actitudes. Responde de manera saludable y productiva cuando te enfrentes a escenarios difíciles y frustrantes para modelar formas positivas de regular el enojo y las emociones fuertes para con tus hijos. Y luego de eso, siéntate con ellos para conversar sobre otras posibilidades que podrías haber tomado y los beneficios del diálogo en la resolución de conflictos.

- **Mostrarles formas saludables de lidiar con emociones abrumadoras:** Los mejores métodos para lidiar con sentimientos negativos fuertes que nos abruman, incluyen cosas como salir a caminar, tomar una copa y frenar por unos minutos para calmarse, reír y bromear sobre las situaciones difíciles con amigos cercanos y familiares (esto también se conoce como humor negro). Así estarás sacando tu ira de adentro en una manera física, para dejar salir de una manera no violenta toda la energía acumulada en nosotros. Recuerda que a la frustración, el enojo y el estrés también los sienten los chicos y enséñales a lidiar con ellos de una forma positiva para que no generen situaciones peores.

- **Que entiendan que sus acciones tienen consecuencias y que el comportamiento agresivo no puede y no será tolerado:** Por mucho que tengamos que apoyar a nuestros hijos y tratar de comprender las dificultades que enfrentan para ser padres positivos, también debemos dejarles en claro que es inaceptable que manifiesten su ira con violencia o agresión, incluso si no lo puede evitar, y que no será tolerado. Los arrebatos de enojo deben tener consecuencias para que un niño tenga un fuerte incentivo para aprender a controlarse. Si pueden estar tan enojados y destructivos como quieran sin enfrentar las consecuencias, tendrán pocas razones para intentar mejorar; simplemente se acostumbrarán a salirse con la suya.

Bullying

Esta es una parte particularmente importante del mundo de conflicto que debemos examinar. El bullying es una experiencia terriblemente común entre los chicos. Las cifras de bullyingstatistics.org sugieren que hasta el 77% de los estudiantes experimentan alguna forma de acoso durante toda su vida escolar. Pero no solo los niños se ven afectados: el bullying ocurre en todo tipo de formas entre personas adultas también. El hecho de que el acoso escolar sea algo tan común e intimidante significa que es crucial enseñarle a tus hijos cómo responder de modo positivo a él, así, si lo encuentran en la escuela o en cualquier etapa de sus vidas, estarán preparados para manejarlo.

El diccionario Cambridge English define a un acosador como "alguien que hiere o asusta a otra persona, a menudo durante un período de tiempo prolongado, y lo obliga a hacer algo que no quieren hacer". Sin embargo, la intimidación puede ser un proceso sutil y muy subjetivo, por lo que a veces se oculta detrás del humor para tratar de desviar y distraer la atención de la crueldad que hay en él. Aún así, detrás de la intimidación siempre está la crueldad como un medio para intimidar, ejercer poder e influencia y controlar a las personas.

El bullying es un concepto resbaladizo porque puede tomar muchas formas diferentes, especialmente con la introducción de internet en la vida de los chicos. Es difícil precisar exactamente qué es el bullying pero nos ayuda mucho saber que la palabra viene de "bull" toro y que intenta comparar sus prácticas con el encierro y acoso que ejercían los toros en corridas a quienes se ponían frente a ellos para intimidarlos. Algunas personas escuchan este concepto e inmediatamente evocan imágenes de deportistas en el patio de juegos sacudiendo a otros niños por su dinero para el almuerzo y golpeándolos.

De hecho también hay quienes creen que si la policía no necesita involucrarse porque no se han violado las leyes, entonces el bullying no ha tenido lugar, especialmente cuando ocurre en la escuela, y puede ser ignorado como una burla inofensiva y una parte natural de crecer. La verdad del bullying es que es un proceso extremadamente variante y nunca es inofensivo. Puede ser una experiencia muy perjudicial para los chicos, incluso si no se violan leyes, no se toma dinero y no se golpea a los otros. El bullying puede involucrar algo tan simple como grupos que no permiten que las personas se sienten con ellos, o que los llamen con diferentes términos insultantes, difundan rumores sobre ellos o convenzan a las personas neutrales para que no les hablen. Y aunque este parezca un nivel relativamente básico del bullying, puede ser increíblemente angustiante y perjudicial para cualquiera, y particularmente difícil para los niños.

Con el advenimiento de las redes sociales y el lugar que ahora ocupa en nuestras vidas, gran parte del acoso ocurre en línea, un fenómeno conocido como "cyberbullying". Es difícil mostrar cuán repugnante y horrible puede ser el cyberbullying. En estos días, la mayoría de los niños en el patio de recreo tienen teléfonos inteligentes desde una edad temprana. Esto no solo les da la capacidad de grabar situaciones embarazosas que viven sus compañeros para viralizarlas, sino que también genera nuevos espacios de encuentro entre los chicos, a los que también llega el acoso.

Además, la capacidad viral del mundo virtual implica que los chistes o chismes maliciosos pueden extenderse como un incendio forestal y no es extraño que un estudiante cambie de escuela debido al bullying y descubra que todos en su nueva escuela ya saben cómo se lo acosaba. Los apodos y las referencias a situaciones angustiantes y vergonzosas pueden persistir en la vida cotidiana de un niño en la escuela y luego continuar incluso una vez que están en casa, donde se supone que deben estar seguros y felices.

El cyberbullying puede tomar casi cualquier forma. Está limitado sólo por la imaginación de sus perpetradores y puede dirigirse a ciertas víctimas individuales que están sujetas a acoso, rumores y chismes persistentes. Incluso, el maltrato puede provenir de cuentas anónimas que mantienen ocultas a las personas que lo efectúan, para que la víctima no sepa exactamente quién es el que los atormenta. De esta manera, algo que comenzó como un pequeño problema puede exacerbarse y convertirse en algo que sería extremadamente difícil de procesar para cualquiera, más aún para un niño pequeño y sin herramientas que puede ser fácilmente convencido de que su mundo se está desmoronando y su vida ya no vale la pena, o que vale tan poco como los acosadores dicen que vale.

La naturaleza despersonalizada y a menudo anónima del cyberbullying puede hacer que algunos niños sean objetivos fáciles para la manipulación y el chantaje. Si, por ejemplo, alguien amenaza con difundir un rumor, una imagen o un video que uno preferiría que no vieran todos chicos de la escuela, entonces puede persuadir a su víctimas para que le dé dinero o fotos y videos explícitos para evitar difundirlo.

Este no un fenómeno limitado a los niños, también muchos adultos son víctima del cyberbullying y ya sabrán ellos cómo hacer para frenarlo, pero nuestros hijos necesitan de una guía muy concreta para saber cómo lidiar con estas situaciones que ya se han vuelto la norma del mundo en el que crecen. Es esencial que comprendamos que para ellos es mucho más grave de lo que podemos imaginar y que necesitan aprender junto a nosotros a manejar el acoso para que no siga torturándolos más tiempo. Y es crucial que ellos sepan cuáles son actitudes positivas y cuándo un chiste se va de las manos y pasa a ser hostigamiento para poder contártelo y lidiar con ello desde su inicio.

Cómo lidiar con el bullying

Cuando su hijo está siendo intimidado, se enfrenta a una situación muy difícil y tan constante que a pesar de hacerlo sentir muy mal puede no detectar como tal. Por eso es tan importante que puedas tener un diálogo constante con él para saber lo que está viviendo y enterarte si alguien lo acosa en la escuela o las redes sociales.

Si descubres que tu hijo es víctima de acoso escolar, lo primero que debes hacer es brindarle la mayor tranquilidad y amor que puedas. Recuérdale que toda su familia lo ama y lo apoyará; no está solo y superará esta situación tan fea. Las personas suelen son horribles y los niños pueden ser especialmente crueles, pero nada dura para siempre. Siempre hay opciones para lidiar con el hostigamiento y evitar que se repita.

Hacer que las autoridades de la escuela y sus docentes sean conscientes de la situación es uno de los primeros cursos de acción para la mayoría de las personas, y puede ser efectivo en muchos casos. Sin embargo, cuando la escuela no puede o no quiere actuar de la manera necesaria para mitigar los problemas, las cosas se vuelven más complicadas. Del mismo modo, puede ser extremadamente difícil involucrar a la policía de cualquier manera que sea productiva, pero si se han violado algunas leyes, esta puede ser una opción. Si la escuela y la policía no pueden ayudar a tu hijo, puedes considerar junto a él, si cambiarse de escuela evitaría el problema. Ten en cuenta que mudarse de escuela es una experiencia traumática en sí misma, y no hay garantía de que las cosas mejoren. Tener que dejar atrás a todos sus amigos y comenzar de nuevo a menudo es algo que muchos niños simplemente no quieren hacer.

Otro factor por considerar aquí es que en la era de internet, no se garantiza que mudarse de escuela sea tan efectivo. Es posible que tu hijo se mude solo para descubrir que todo el distrito escolar ya sabe algo que sucedió en su antigua escuela y que el acoso escolar comience nuevamente. Esta es una situación deprimente, lo sé, pero es la realidad del mundo en el que vivimos, y si vas a ayudar a tu hijo a enfrentar sus problemas, debes analizar todas las posibilidades y hacerlo junto a él, de manera pragmática y realista.

En caso de que el acoso sea más leve o esporádico y si piensas que se pasará con el tiempo, es mejor que prepares a tu hijo para soportar las burlas por el momento, sin prestarles atención o respondiendo de manera creativa a los chicos que lo acosan para que dejen de considerarlo un sujeto más sencillo de hostigar.

Cuando se enteran de que su hijo está siendo intimidado, muchos padres tienen una respuesta comprensible y proactiva, como ir a hablar con los padres de los acosadores o enfrentarse a ellos. Insto a la precaución a cualquiera que esté considerando este curso de acción ya que puede ser eficaz en algunas circunstancias, pero también puede terminar empeorando las cosas para tu hijo, especialmente si los padres de los hostigadores no son razonables o no aceptan el mal comportamiento de sus hijos. Recomiendo una precaución similar para aquellos que les dicen a los niños que se defiendan. Una vez más, de manera realista, esto puede ser efectivo en algunas circunstancias, pero también puede empeorar las cosas mucho y puede llevar el bullying a un mayor nivel de intensidad.

Grey Rocking

Una de las mejores técnicas que existen para lidiar con acosadores y cualquier forma de conflicto en el que la víctima no pueda retirarse inmediatamente de la situación se llama "Grey Rocking". Este es esencialmente el proceso de ser tan neutral, poco provocativo y emocionalmente retirado de los perpetradores como sea posible para minimizar la respuesta que obtienen de la intimidación. Cuando las personas intimidan a otros, lo hacen principalmente por la reacción que saben que tendrán. Se sienten poderosos al poder dominar y controlar a otros a quienes consideran más débiles que ellos mismos, a menudo para compensar algún aspecto de su propia vida en el que se sienten fuera de control. El Grey Rocking es una táctica que se usa con mayor frecuencia para obligar a los acosadores, psicópatas y narcisistas a pasar a otro objetivo y liberar a su víctima. Sin embargo, también puede usarse con buenos resultados contra los acosadores escolares, ya que sus motivaciones para hacer lo que hacen, son similares.

Están buscando controlar y lastimar. Quieren una cierta respuesta de sus víctimas, y el Grey Rocking puede privarlos de esto. Cuando su comportamiento de repente les produce poca o ninguna satisfacción, los acosadores a menudo simplemente se trasladan a un objetivo diferente. Es duro, pero es la forma de vida. El Grey Rocking significa volverse lo más aburrido y emocionalmente neutral posible. Por ejemplo, si a tu hijo se le llama por su nombre y se burlan de él o se están difundiendo rumores, aplicar el método de Grey Rocking significaría no reaccionar a nada de eso, que no diga nada, que los otros no sepan que está dolido por lo que está sucediendo. Se trata de recomendarle que actúe lo más neutral e indiferente posible, como si le estuviera sucediendo a otra persona, para así despegarse de las situaciones de acoso y seguir con su vida y sus estudios. Esto puede ser difícil de hacer al principio, particularmente cuando los acosadores son físicamente violentos o amenazantes, pero con el tiempo se vuelve más fácil de lograr y más efectivo. Sin la respuesta, el control y la capacidad de lastimar que los mantiene prósperos, los acosadores tienden a aburrirse.

Es importante que durante todo este proceso estés muy cerca del niño para acompañarlo y asegurarte de que no tomará esta actitud en todos los aspectos de su vida desde el sometimiento a la maldad de los otros, el callarse y hacer como si nada pasara. Es peligroso que él llegue a sentir que le estás recomendando soportar en silencio todo lo que le hacen y entienda que no te preocupas por su bienestar y que preferirías no enterarte de lo que le pasa.

Por supuesto, el curso de acción que decidas tomar en respuesta a la intimidación de tu hijo variará dependiendo de las circunstancias exactas de su situación, y la decisión correcta es lo que tú y él decidan que es mejor. Lo importante es que no lo dejes solo y que no llegue a creer que durante toda su vida va a ser una burla para los demás o que no va a poder disfrutar de nada. Por eso, refuerza el vínculo que tienen, genera nuevas experiencias para que compartan y traten juntos de encontrar una salida para todo eso.

Qué hacer si su hijo le está haciendo bullying a otros

Esta es una situación que muchos padres no consideran y por una buena razón: nadie quiere creer que su hijo pueda ser capaz de hacer que la vida de otro niño sea una miseria. Y además, la mayoría de nosotros estamos seguros de que nuestros hijos están bien criados y no se comportarían de esa manera. La verdad es que cualquiera puede ser un acosador en algún momento de la vida y es importante entender cómo podemos manejar una situación así, en caso de que alguna vez surja.

Primero, debes hacer todo lo posible para comprender por qué tu hijo ha estado haciendo bullying a otros niños. Refuerza la comunicación con él para averiguar por qué sucede y qué puede hacer para abordar el problema raíz. Sin hacer esto, el problema probablemente continuará, ya que tu hijo seguirá sintiendo la necesidad de ejercer su poder sobre los demás. Si puedes hacer que tu hijo se explique sobre por qué están haciendo lo que están haciendo, pueden trabajar juntos para resolver los problemas subyacentes que enfrentan y evitar que exprese sus frustraciones en otras personas.

Luego debes lograr que el niño comprenda completamente la gravedad de sus acciones y cuánto dolor puede infligir a través del bullying. Si puedes hacer esto y ayudar a tu hijo a ver sus acciones con una nueva perspectiva, es probable que él se sienta arrepentido y busque enmendarlo por su cuenta.

Pero si no lo hace, vas a tener que asegurarte de que así sea para que pueda poner un fin a esa experiencia, aprender de ella y seguir adelante. Dejar los problemas sin resolver puede provocar resentimiento e incluso podría tener consecuencias futuras para él, así que haz todo lo posible para asegurarte de que todas las partes involucradas, al menos hablen al respecto y que tu hijo se disculpe, así como asegurarte de que el comportamiento se mantenga frenado para bien permaneciendo siempre vigilante.

Encontrar una mejor salida para sus sentimientos reprimidos también puede ayudar. Invitalo a hacer deportes juntos o encuentren una actividad que puedan disfrutar los dos, en la que se encuentren y él pueda dejar salir sus sentimientos negativos de una forma constructiva. Si es necesario, también puede hacer terapia con un profesional o recibir ayuda para sacar toda su ira y no necesitar el someter a otros para sentirse más fuerte.

Disciplina y límites

La corrección del comportamiento es una parte fundamental de la crianza de los hijos. Los niños tienden a ser rebeldes y traviesos. Es parte de su juventud y de la búsqueda de crear su personalidad desde lo que les es prohibido, el aburrimiento que sienten y también la curiosidad. Criar a un niño implica inculcar cantidades saludables de disciplina y establecer límites estrictos para que sepan que siempre habrá normas que cumplir y que no pueden no pensar en las consecuencias de sus actos.

Hacer esto de una manera positiva no es más difícil que emplear los métodos más duros y tradicionales, solo requiere de una consciencia sobre qué es lo mejor para el niño y decisiones concretas sobre cómo lo acompañaremos en su camino a la adultez o qué tipo de herramientas queremos darle para su futuro.

Lo primero que necesitamos es implementar reglas familiares claras para dar a nuestros hijos un marco concreto de qué tipo de comportamiento es y no es aceptable. Sin estos límites bien impuestos, los niños son más propensos a actuar mal y causar problemas porque si hay algo que no conocen intentarán experimentarlo. Cuando un niño comprende cuáles son las reglas y cómo se espera que se comporte, podrá elegir si acatarlas o no y comprenderá el castigo que devenga de su mal comportamiento. Pero con los niños que carecen de este marco claro, es más complejo porque pueden sentir que su comportamiento es castigado arbitrariamente y rebelarse contra eso. Si sus padres no son consistentes, ¿cómo se puede esperar que un chico tenga una buena idea de qué cosas no debe hacer o sentir que si las hace será castigado? El resultado tiende a ser niños que simplemente hacen lo que quieren y no se preocupan por las consecuencias.

Por eso es tan importante que pueda explicar a sus hijos cómo deben comprotarse y por qué para que ellos lo interioricen y aprendan por qué las reglas están ahí y por qué son justas, incluso cuando están totalmente convencidos de lo contrario.

El primer paso para criar niños disciplinados y de buen comportamiento es establecer claramente lo que pueden y no pueden hacer, y por qué. Explicar el razonamiento detrás de las reglas ayudará muchísimo en su aplicación: los niños tienden a aceptar las cosas más fácilmente cuando tienen sentido para ellos. Si puedes mostrarles cómo las reglas los mantienen a salvo o que previenen discusiones familiares, las seguirá con mucha menos dificultad que si siente que son reglas arbitrarias impuestas para limitarlo.

No es posible establecer todas las reglas que necesitamos aplicar en una lista exhaustiva, por lo que tenemos que enseñar a los chicos por qué existen las normas y el razonamiento detrás de ellas que les ayuda a decidir por sí mismos si algo que están haciendo o considerando hacer es aceptable. Esto les ayuda a pensar y actuar de una manera más responsable y estra atentos a las consecuencias de sus actos.

La introducción de estas reglas en tu hogar dependerá de las edades de tus hijos y de enseñarles las cuerdas a medida que avanzan, diciéndoles gentilmente qué es y qué no es aceptable cuando ocurren cosas. Si tienes niños pequeños, esto podría ser sólo una cuestión que indicar que hay una regla allí que debe seguirse en lugar de simplemente castigarlos de inmediato, o lo considerarán (con toda razón) injusto y es más probable que actúen de manera injusta. Sin embargo, si tienes hijos mayores, puede ser una buena idea hacer una lista y tenerla en algún lugar claramente visible en el hogar para que les sirva como recordatorio de qué comportamiento es y qué no es aceptable para ayudar a hacer la transición a una estructura de límites claramente definida más fácil para ellos.

La naturaleza de la infancia hace que los hijos tengan problemas para acatar las reglas. Los bebés de casi cualquier especie de mamífero son más juguetones e impredecibles que sus contrapartes adultas, ya que en este juego, la energía, la curiosidad y la espontaneidad hacen que la curva de aprendizaje empinada que conlleva ser joven sea más fácil de manejar. En términos generales, el comportamiento inaceptable debería ser una pequeña parte de la experiencia de vida de los chicos para permitirles la mayor libertad y disfrute posible. Algunas personas prefieren que sus hijos no corran y salten en casa, pero hacer esto puede privar a nuestros hijos de las cosas que, a su edad, son las más naturales y saludables del mundo, solo porque son inconvenientes para nosotros. Por lo tanto, la crianza positiva se trata de establecer límites saludables y justos para que nuestros hijos se aseguren por sí mismos de que no están fuera de control mientras les evitamos la frustración y consecuencias de mantenerlos atados durante la mayor parte de sus vidas jóvenes para no tener que educarlos.

El compromiso es importante aquí; puedes permitir que tus hijos corran y salten (siempre que tengan cuidado) en ciertos momentos, pero eso no significa que tenga que estar permitido en todas las circunstancias. Por ejemplo, si tienes invitados o estás tratando de relajarse por la noche, quieres que sus hijos estén tranquilos y serenos. Es necesario equilibrar las reglas y generar un sentido entre el orden, la felicidad y el disfrute de sus vidas, tomando en cuenta sus necesidades y sus deseos para que la dinámica familiar funcione para todos.

Parte de establecer límites efectivos en el hogar es evitar caer en la trampa de convertirse en un padre permisivo. No trates de evitar incitar la ira y las rabietas alejándote de las confrontaciones y dejando que tus hijos se salgan con la suya. Hacer esto solo dará como resultado que los niños tengan un desarrollo y una regulación emocional deficientes. Los niños de familias permisivas tienden a ser mucho más rebeldes y antisociales que aquellos con familias que establecieron buenos límites y una disciplina clara.

Refuerzo: castigo y recompensa

Cuando intentas que tus hijos se mantengan dentro de los límites que les has establecido, hacer cumplir las reglas de manera consistente es tan importante como asegurarte de que sepan lo que pueden y no pueden hacer, y por qué. Que sigan las reglas de la casa no tiene que implicar gritos, castigos o amenazas excesivas ni tampoco aterrorizar a sus hijos para que se sometan. La disciplina en el contexto de la crianza positiva se basa en un concepto firmemente arraigado en la psicología del comportamiento: el refuerzo.

La idea detrás del refuerzo es relativamente simple. Esencialmente se trata de corregir el comportamiento por medio de condicionar a los niños para que quieran hacer cosas buenas y positivas, recompensándolos cuando hacen esas cosas y disuadiéndolos de hacer cosas perjudiciales y negativas con castigos cuando se portan mal. Esto se conoce como refuerzo porque le está mostrando a tu hijo que cierto comportamiento conduce a resultados ciertos y consistentes, ya sean positivos o negativos. Estás reforzando el vínculo entre su comportamiento y las consecuencias en su mente. Es tan simple como eso.

La verdadera habilidad está en cómo aplicar esta idea en el día a día. Por ejemplo, si un niño se niega a irse a dormir cuando es hora de acostarse, tienes dos vías diferentes de enfoque. Podrías decirle que necesitan irse a la cama o serán castigados, durante un fin de semana sin privilegios como la TV o sus juguetes, o también podrías decirles que si se van a la cama ahora serán recompensados,con las actividades que más les gustan, como ir al parque o salir a tomar un helado.

Así le das opciones a tu hijo y él podrá decidir cómo proceder. Un aspecto clave de este sistema es que debes cumplir siempre con lo que has dicho que harías. Usar amenazas vacías sin sustancia y no cumplir con tus promesas de recompensas solo servirá para enseñarle al niño que lo que dices no importa porque no eres confiable y que, por lo tanto, debe hacer lo que quiera, ya que es poco probable que enfrente consecuencias o sea recompensado. Tienes que quedarte con tus armas. Si amenazas a tu hijo con un castigo y continúa comportándose mal, debes seguirlo, incluso si no lo deseas.

El hecho de que estés castigando a los chicos no significa que tampoco puedas hacerlo de manera positiva. Es completamente posible castigarlos de una manera amorosa y comprensiva mientras se mantiene el resultado deseado del castigo: corregir su comportamiento. El truco para hacerlo es evitar actuar por medio de la ira, la malicia o la frustración, y en cambio pensar las cosas de una manera mesurada y considerada.

Es mejor darte la oportunidad de reflexionar y calmarte antes que decidir un castigo desde la ira y luego tener que retroceder. Por ejemplo, si uno de tus hijos se está portando mal, puedes indicarle que no vas a tolerar ese comportamiento y enviarlo a su habitación solo para así tener la oportunidad de refrescarte y decidir cuál debe ser su castigo. Luego, cuando estés listo, subes y hablas con él para explicarle suavemente por qué su comportamiento es inaceptable e infórmale sobre su castigo.

Hacer esto consistentemente asegurará que los niños aprendan a tomarte en serio y responder de inmediato a tus advertencias porque sabrán que en verdad va a aplicar un castigo y tendrán que aceptarlo.

Muchos padres luchan por implementar técnicas de crianza positivas cuando sus hijos están siendo especialmente difíciles, como cuando se niegan rotundamente a escuchar, obedecer o son agresivos y posiblemente incluso violentos. Criar positivamente en situaciones como esta puede ser muy desafiante, pero es posible. Un punto que debes recordar en momentos así es que nadie es perfecto, y todos pierden los estribos a veces. Si te encuentras gritándole a tus hijos cuando están siendo especialmente difíciles, no te desanimes por eso. La crianza es lo suficientemente difícil como para sentirse culpable por hacer lo que sientes y no dañará a sus hijos a largo plazo un grito, siempre que no sea algo habitual. A veces puede ser necesario alzar la voz y volverte severo.

En general, el respeto subyacente que viene con la paternidad positiva debería ayudar a evitar que esto sea un gran problema para tu familia una vez que realmente sea parte de su rutina el conversar y entenderse mutuamente. Si tus hijos están siendo particularmente difíciles y duros de controlar, entonces el castigo que decidas para ellos debería ser más severo para realmente resaltar el punto de que tal comportamiento desobediente es totalmente inaceptable y no será tolerado. Nuevamente quiero aclarar que puedes hacer esto de manera positiva al explicarle claramente al niño por qué estás haciendo lo que estás haciendo, por qué tuviste que alzar la voz, aunque no te guste hacerlo y cómo desearía que fueran las cosas entre ambos.

La crianza positiva se trata del compromiso y la comprensión de por qué los niños están haciendo lo que están haciendo, así como por qué tú decides castigarlos o recompensarlos.. Si sabes por qué tu hijo ha sido especialmente difícil en un momento dado, puedes conversar con él para solucionar lo que lo tiene tenso y decirle que estarás cuidándolo siempre, que puede contar contigo para hablar de ello y que si no se siente bien pueden relajarse juntos, tomar una siesta o salir a caminar.

A menudo, los niños actúan mal porque quieren atención. Esto es especialmente cierto en familias numerosas o aquellos padres que están particularmente ocupados. Una vez que un niño se da cuenta de que puede obtener la atención de ti que anhela al comportarse mal, está condicionado a hacerlo una y otra vez, porque funciona todo el tiempo. Si atiendes a tu hijo antes de que tenga que recurrir a tácticas sucias para llamar la atención, será más fácil evitarlo, y si ante esos comportamientos no consigue lo que quiere es más probable que deje de hacerlo.

Manipulación

Los niños pueden ser muy astutos y por lo general entienden más de lo que nos dejan ver. Si pueden encontrar formas de manipular su autoridad, muchos niños las usarán. Se reduce a usar su encanto y su ingenio para pillar desprevenidos a sus padres y obtener lo que quieren de ellos sin que se den cuenta de que lo han hecho a consciencia.

Un ejemplo muy clásico y terrible es cuando los chicos ponen a un padre ne contra del otro para así obtener lo que quieren de ambos. Podrían mentir y decirle al padre que su madre les dio luz verde para comer más galletas, o podrían desgastar a un padre en particular con berrinches y ataques repetidos cuando están solos, pero actuar como un ángel perfecto alrededor del otro para alterar el equilibrio de poder y tener una cierta cantidad de control. A menudo, los niños que intentan manipular a sus padres buscarán el eslabón más débil en un intento por romper la unidad que comparten estos. Es por eso que es vital que se mantengan firmes como equipo y se nieguen a rendirse, sin importar cuán efectiva pueda parecer la manipulación. Si no les das lo que quieren, eventualmente se darán cuenta de que es una pérdida de tiempo y energía.

Otro ejemplo de manipulación son los niños que usan un comportamiento negativo o agresivo para controlarte. Podrían hacer berrinches para obtener lo que quieren, ya sea en casa o en público, donde saben que es más probable que cedas y cumplas porque están haciendo una escena y te da vergüenza. Algunos niños decidirán que no quieren acostarse y que no hay nada que puedas hacer para obligarlos: gritarán, llorarán, tirarán cosas, golpearán objetos, romperán juguetes y se lastimarán para controlarte. De esta manera, pueden encontrar que eres poco más que un títere cuyas cuerdas saben exactamente cómo tirar. Nunca cedas y no les des a tus hijos lo que quieren cuando intentan manipularte usando tácticas como esta. Tan pronto como lo hagas, sabrán que cederás si persisten el tiempo suficiente y causan suficiente daño. Y puede ser extremadamente difícil sacarles esta manipulación una vez que están acostumbrados a ella.

Asegurarse de manejar los intentos de manipular tu autoridad adecuadamente es la clave para mantenerte un paso adelante y evitar ser rebajado a su nivel al participar en luchas de poder, lo que te va a permitir criarlos positivamente incluso en circunstancias difíciles. La verdad es que no hay luchas de poder a menos que dejes que haya. Tu hijo es un niño, y tú eres su padre y un adulto responsable de ellos, por lo tanto, tienes la autoridad de manera predeterminada. Tu amor y compasión de padre es lo que les permite explotarte para obtener lo que desean, pero también lo que podría hacer que entiendan que los quieres sin tener que darles atención constantemente.

Tus hijos pueden intentar subvertir tu autoridad todo lo que quieran; solo funcionará si los dejas Nunca cedas a los berrinches y vete directamente a casa con ellos si es necesario, y una vez que se hayan calmado, asegúrate de que entiendan que su comportamiento es totalmente inaceptable. Los castigos deben ser apropiados. Si tienes que castigarlos durante un par de semanas para transmitir el mensaje de que no tolerarás la manipulación y las luchas de poder, que así sea. Si hacen más berrinches para protestar por el castigo, extiéndelo por el tiempo que sea necesario hasta que se den cuenta de que están librando una batalla perdida. Entonces, mantente firme.

No cedas ni una pulgada, no importa cuán bien comiencen a comportarse para intentar volver a ganar tu piedad y terminar con el castigo temprano. La crianza positiva significa que disciplinas y castigas desde el amor y que en lugar de hacerlo para someter a los niños a tu voluntad lo haces para que puedan crecer con más herramientas para su futuro, así que si crees que un capricho es tan malo para ti como lo es para ellos en caso de que se acostumbren a actuar así, harás lo que puedas con tal de que abandonen esa práctica. La única forma de romper el círculo vicioso de la manipulación es ponerte de pie y mostrarles que no retrocederás y que los berrinches solo tendrán graves consecuencias para ellos y no obtendrán lo que quieren de esa forma.

Refuerzo paso a paso

Aquí hay una guía útil paso a paso para cultivar un buen comportamiento a través del refuerzo. Como te venía diciendo, la idea básica que guía esta práctica es el condicionar de modo consciente el comportamiento de los niños para que puedan habituarse a tener mejores actitudes y prácticas para con la vida y así hacernos más sencilla la convivencia, pero también enseñarles cómo deben comportarse para tener más posibilidades de lograr sus objetivos como adultos en el futuro.

Identificar y etiquetar el comportamiento.

Cuando tu hijo se comporte de una manera que llame tu atención, pregúntate qué fue lo que hizo en particular y por qué lo notaste. ¿Fue porque se está portando bien y eso hace que estés orgulloso de él, porque cambió una mala actitud a la que estaba acostumbrado por una mejor práctica o porque se está portando mal?

Cuando seas capaz de identificar sus actitudes, cómo varían en el tiempo y cómo impactan en la relación familiar, vas a ser capaz de asignarles un valor como positivas o negativas y saber si debes fomentarlas o intervenir para erradicar ese tipo de prácticas. Es un trabajo analítico a consciencia que debes hacer para ayudar al niño a encauzar su modo de actuar hacia una mejor actitud.

Adviértales o elógielos

Decide cómo debes proceder basándote en la evaluación inicial de la situación. Si el comportamiento fue positivo, felicita a tu hijo por portarse bien y hazle saber que ha notado y apreciado su buen comportamiento. Incluso puedes decirle que será recompensados si sigue así para alentarlo. La recompenza no tiene que ser algo material sino que también puede ser un abrazo, una felicitación, aplauso o cumplir con algún deseo o pedido que haya expresado antes.

En cambio, si su comportamiento fue negativo, dile tan firme pero suavemente como puedas que no está bien hacer así las cosas y que las malas prácticas traen malas consecuencias. Incluso, si una vez que se le explicó que no debe hacer más algo, insiste en repetirlo, entonces va a recibir un castigo para aprender a evitar esas actitudes. El castigo puede ser tanto el dejar de jugar con él como no darle lo que espera, llegar a pedirle que se retire a su habitación para reflexionar sobre lo que hizo o quitarle sus juguetes o la televisión por algún tiempo. Para hacerlo de una forma positiva, sin imponer castigos innecesarios o perder el respeto que te tiene, es importante que vayas de a poco. Primero dale una advertencia para que entienda que algo está mal y que necesita dejar de hacerlo. Si lo repite, nuevamente tendrás que ponerte firme y decirle que así las cosas no pueden ser y aclararle que si lo hace de nuevo, habrá consecuencias.

Una vez que el niño sea consciente de cómo opera y cómo impactan sus acciones en respuestas de la familia o consecuencias mayores (castigos y recompensas), va a poder elegir cómo comportarse más racionalmente.

También es importante mostrarle que vas a cumplir con tu palabra y si le dices que por tener muy buenos gestos puede disfrutar más tiempo de juego porque se lo ganó, por ejemplo, entonces respeta eso y déjalo jugar. O si le pides que se vaya a su habitación hasta la hora de la cena, sé firme y cumple con el castigo que pactaste para que él sepa que tu palabra tiene valor. Una vez que esta lógica sea interiorizada por toda la familia, ya no debería ser necesario advertirle o gritarle al niño para que mejore su actitud.

La idea es que él mismo entienda cómo debería comportarse según sus padres y por qué, pero que aún así tiene la posibilidad de elegir cumplir o no con lo que se le pide y si elige mal, lo lamentará.

Castigarlos o recompensarlos

Si tu hijo continúa portándose bien, recompénsalo de alguna manera para que sienta que las buenas actitudes dan beneficios. Esto no tiene que ser nada especial, pero debería ser algo que disfruten. Ir a nadar juntos, ir al cine, tomar un helado o incluso algo tan simple como un abrazo, decirles que estás orgulloso, felicitarlo o darle una comida que les gusta mientras juegan. Es una buena idea escalar la recompensa mientras avanza su comportamiento para guardar las mejores felicitaciones para cuando realmente estás impresionado por lo que ha hecho y quieres mostrarles cuán excelente fue su comportamiento.

Si tu hijo se ha portado mal y continúa portándose mal después de una advertencia, el siguiente paso es el castigo. Al igual que las recompensas, el castigo que decidas usar debe ajustarse a la gravedad de su mal comportamiento. Nunca debe ser malicioso o provenir de un lugar de ira o un deseo de infligir angustia. Privarlo de algo que le gusta hacer puede ser una medida efectiva, siempre que sea razonable, justo y no impida su desarrollo. Enviarlos a su habitación, los tiempos de espera y quitarle las recompensas pueden ser tácticas útiles aquí, pero trata de evitar ejecutar el mismo castigo cada vez para mantener viva la novedad.

Tiempo para reflexionar

Una vez que hayas informado al niño la lógica de castigos y recompensas y hayas comenzado a llevarla a cabo, dale algo de tiempo para reflexionar, calmarse si es necesario y pensar en cómo se comportó y si el resultado de su actitud fue bueno o malo. Este período de enfriamiento es especialmente necesario cuando castigas a tu hijo porque está molesto y maltrata a otros debido a su rabia. Dales espacio para respirar y estar solos por un tiempo. Es más importante que ellos mismos puedan comprender cómo impactan sus actitudes que castigarlos o premiarlos. Así que si cuando se hayan calmado pueden explicar por qué estuvo mal actuar así o pedir perdón a quien corresponda y lo hacen a consciencia, ya habrán aprendido su lección y no tendrás que castigarlos.

Explica por qué están siendo recompensados o castigados

Esta es una parte importante y a menudo pasada por alto en el proceso de refuerzo. Si no le explicas y argumentas por qué juzgas su actitud como positiva o negativa y por qué se ganan con ella un elogio o un castigo, no le darás al niño la oportunidad de aprender realmente de sus errores y éxitos, evaluar dónde fueron bien o mal, y comprometerse a mantener o alterar su comportamiento en el futuro.

Una vez que los chicos se hayan calmado o se hayan alejado del estado mental inicial causado por su comportamiento y el castigo o recompensa subsecuente, acércate a ellos y explícales gentilmente la razón por la que tomó tal determinación, cómo te sentiste con respecto a su comportamiento, si estás contento y orgulloso o decepcionado, y cómo esperas que se comporten en el futuro. Asegúrate de elogiarlos si puedes, ya sea para calmarte y ser bueno después de comportarte mal o mantener un buen comportamiento.

También debes aprovechar esta oportunidad para asegurarle a tus hijos que los amas, especialmente si están siendo castigados, y decirles que no te agrada castigarlos, pero que tienes que hacerlo por su propio bien.

Preguntales si entienden por qué fueron castigados o recompensados

Después de otra pausa para darle tiempo a su explicación anterior, pregúntale a tus hijos si entienden por qué hiciste lo que hiciste para ver si aprendieron la lección o pídeles que se lo cuenten a otro miembro de la familia. Si sientes que todavía no lo comprenden completamente, intenta explicarlo una vez más para asegurarte de que el punto se refuerce.

Mediante el uso de este método a lo largo del tiempo, notarás diferencias positivas reales y tangibles en el comportamiento de tus hijos, sin importar cuán mal se comporten ahora.

Comportamiento del desarrollo y herramientas específicas para la edad

En esta sección, veremos cómo cambiarán las necesidades y el comportamiento de los niños a lo largo de su vida a medida que avancen en las diferentes etapas de su desarrollo. Y te explicaré exactamente cómo manejar situaciones específicas y circunstancias difíciles que surgirán como resultado de esto, brindándote una comprensión profunda de cómo ser padres de una manera positiva, sin importar la edad de tu hijo.

Bebés (0-12 meses)

La infancia puede ser una etapa abrumadora de la paternidad, especialmente si eres un padre nuevo. A pesar del terror que viene con la comprensión humilde y profunda de que ahora eres completamente responsable de un ser humano totalmente indefenso y pequeño, en este momento de la vida de tu hijo, lo principal que necesita de ti es tu amor, cuidado y apoyo.

Un bebé puede parecerse muy poco a lo que todos entendemos por un ser humano. No puede hacer nada por sí mismo que no sea dormir o llorar y pareciera que no registra nada de lo que pasa a su alrededor. Sin embargo, un bebé es tan consciente como tú: simplemente carece del equipo mental y físico que necesita para interactuar con el mundo. Prácticamente todo lo que siente, toca o ve durante los primeros meses de su vida es una novedad completa y absoluta para él. Tu papel en este momento en la vida de tu hijo es actuar como cuidador y brindarle una base segura desde la cual pueda explorar el mundo y aprender sobre cómo ser humano.

Cada pedacito de amor, afecto y atención que le prestes a tu hijo durante esta etapa de su vida tendrá una influencia real en su desarrollo en el futuro, así que asegúrate de abrazar, tocar, hablar, reír y jugar con ellos tanto como puedas. No te preocupes por malcriarlos tampoco. Cuanto más rápido respondas a su llanto, menos llorarán por atención, lo que facilitará la convivencia para todos. Este punto de la vida de tu hijo, la mayor dificultad que presenta, es tender a despertarte en medio de la noche cuando él lo desea.

Niños pequeños (12-36 meses)

Una vez que tu hijo ya es un niño pequeño, las cosas realmente comienzan a despegar. Este es un período de rápido desarrollo en que lo verás pasar de ser un bebé apenas consciente del mundo y predecible, a una pequeña persona con personalidad propia. Una vez que tu hijo haya aprendido a caminar y hablar, comienzas a tener realmente un trabajo como padre. Este período de su vida es un momento de rápido desarrollo, cognitivo, social, emocional y físico. Criar positivamente a niños de esta edad puede ser una experiencia desafiante a veces.

Los niños pequeños son famosos por sus crisis en las que deciden que lo único que está en la agenda hoy es un berrinche sobre cualquier cosa. Los niños de esta edad solo se enfrentan cara a cara con sus emociones por primera vez, por lo que comprensiblemente son malos para regularlos y procesarlos. Además ya no lloran para expresarse sino que cada vez tienen más herramientas para hacerlo y los caprichos son solo una parte de ello.

Incluso los inconvenientes menores o la injusticia percibidas, como el hecho de que les den un tipo diferente de dulce a sus hermanos, puede descender rápidamente a una especie de caos y llanto. Una vez que han decidido que van a gritar y llorar, todos los intentos de calmarlos pueden volverse ineficaces rápidamente, ya que solo cavarán los talones aún más y se mantendrán molestos sin importar lo que hagas.

La crianza positiva de los hijos hace hincapié en cultivar la comprensión, la empatía y la paciencia para con tus hijos, y estas cosas son especialmente importantes al criar a un niño pequeño. Comprender las motivaciones del niño a esta edad es aprender a adivinar sus procesos de pensamiento internos, deseos y puntos de vista y leer cuidadosamente sus palabras y su comportamiento.

Los niños pequeños representan una etapa única de la infancia en la que apenas están comenzando a aprender a comportarse como ven a todos los demás comportarse a su alrededor, mientras que también quieren satisfacer sus propios deseos. En general, puedes ver de antemano las crisis en las etapas, por lo que sí estás atento puedes evitar algunas de ellas con un pensamiento rápido y ofecerles contención y cariño cuando más lo necesitan. Desafortunadamente, sin embargo, no podrás esquivar todas las crisis, y tendrás que vivir muchas rabietas.

Los niños pequeños son difíciles porque están descubriendo su propia autonomía e independencia. Poco a poco se están dando cuenta de que tienen un nivel de influencia sobre el mundo y las personas que los rodean, y están ansiosos por ejercer esa influencia para salirse con la suya. Desean ejercer su voluntad y tener las cosas exactamente como quieren que sean. Cuando eso no sucede y no se cumplen sus preferencias, son propensos a recurrir rápidamente a un colapso. Responder a estos berrinches es difícil, especialmente cuando estás en público, tienes dolor de cabeza o estás tratando de manejar algo más que requiere tu atención en ese momento.

Lo más importante a tener en cuenta cuando tienes un niño que hace berrinches es que la forma en que respondas a sus crisis influirá en cómo lidiará él con las mismas emociones en el futuro. Si respondes a ello diciéndole que lo supere o se controlen, solo se angustiará más. Todavía no pueden controlar sus emociones, es por eso que están teniendo crisis en primer lugar, por lo que decir estas cosas solo empeorará el problema. No debemos minimizar las emociones de nuestros hijos ni alentarlos a reprimirse, sino alentarlos a expresar lo que sienten. Esto puede parecer contraproducente, pero la investigación de la Universidad Estatal de Arizona ha demostrado que los niños a quienes los padres les permiten expresar sus emociones tienden a ser más conscientes socialmente y menos enojados. Del mismo modo, los niños que son castigados por sus emociones negativas suelen ser mucho peores al procesarlos.

En lugar de castigar a los niños por sus crisis, es mejor entrenarlos con calma, consideración y compasión sobre cómo procesar y regular sus emociones de manera saludable. Esto conducirá a que tengan crisis menos intensas en el futuro y un mejor equilibrio emocional. Una vez que un niño pequeño comienza a tener un colapso, es muy difícil hacer que se detenga. No hay una solución fácil para esto que no sea simplemente darles lo que quieren, lo cual nunca es una buena idea porque estarán más inclinados a lanzar un ataque cada vez que quieran algo.

Por lo tanto, debes ser paciente, esperar a que se calmen y hacer todo lo posible para ayudarlos a comprender por qué estaban tan molestos y explicarles cómo manejar mejor sus emociones.

Aquí hay una guía paso a paso sobre cómo hacer esto:

Paso 1: Mantén la calma. Esto es más fácil decirlo que hacerlo cuando tu hijo está gritando y llorando, pero es absolutamente vital que mantengas el control de ti mismo y que estés lo más lúcido posible para comprender la situación.

Paso 2: Reconoce cómo se sienten, empatiza con los niños. Diles que sabes que es difícil y que está bien que estén molestos. Busca que se sientan escuchados y entendidos. Cuando no descartas los sentimientos de tu hijo, él tenderá a calmarse más rápidamente.

Paso 3: Apartalos. Si es posible, retira a tu hijo de la situación para darle un respiro. Solo déjalo tener un poco de espacio para respirar lejos de lo que sea que sucede o de quien lo moleste.

Paso 4: Espera a que se calme. En este punto, has hecho todo lo posible para acelerar las cosas. Todo lo que puedes hacer ahora es esperar a que se calme, quizás abrazarlo o estar junto a él, por mucho tiempo que esto pueda tomar. Algunos niños tardan más en bajar de un estado emocional elevado que otros.

Paso 5: Valida sus sentimientos. Debes mostrarle a tu hijo que está bien sentirse como se siente. Si escuchan que está bien enojarse, la frustración que puedan sentir se evaporará con bastante rapidez.

Paso 6: Enséñale tu comportamiento. Muéstrale una mejor manera de manejar el problema que simplemente haciendo un berrinche. Por ejemplo, si está molesto porque no obtuvo suficiente jugo en su taza, puedes explicarle que simplemente puede pedir más. Muéstrale que esto resolverá su problema de manera mucho más efectiva que simplemente romper en llanto. Y hazlo sin denigrar o negativizar su comportamiento, solo como presentando una opción diferente y sus beneficios.

Paso 7: Muéstrale amor, dale un abrazo y dile que lo amas. Esto lo ayudará a sentirse mejor al aumentar su estado de ánimo y le mostrará que sus acciones provienen de un lugar de amor. Tendrá una mejor comprensión de cómo reaccionar ante sus emociones y se sentirá bien porque usted haya reaccionado de la manera que lo hizo.

Otro gran consejo para manejar a los niños pequeños es tener en cuenta cómo se expresan las cosas. Los niños pequeños son muy sensibles a este tipo de situaciones, especialmente cuando se trata de su independencia. Darles dos opciones con el mismo resultado donde una de las opciones les permite hacer algo por sí mismos puede hacer tu vida mucho más fácil. Por ejemplo, puedes preguntarles si les gustaría vestirse o si quieren que los ayudes. La libertad de elección y la independencia que este tipo de fraseo proporciona a un niño hace que muchos berrinches potenciales sean más fáciles de evitar. Una vez que manejas bien las crisis, se hace más fácil cuidar a los niños pequeños. Aguanta ahí, mantén la calma y sigue practicando el método anterior para entrenar gradualmente a tus hijos fuera de la fase de berrinche y cultivar una mejor regulación emocional.

Niños (3-10 años)

Estos años de la vida de tu hijo lo llevarán a través de un amplio espectro de crecimiento y desarrollo. No notarás muchos cambios día a día, pero sí en cuanto pasen los años.. Durante este tiempo, el desarrollo emocional y cognitivo de tu hijo avanzará hasta ser una persona joven con sus propios intereses, opiniones y forma de ver el mundo.

La crianza de los hijos en esta etapa de la vida implica ayudarlos a llegar a ser la persona en la que se están convirtiendo. Los verás comenzar el preescolar y la primaria, y serás testigo de todos los desarrollos, grandes y pequeños, que vienen con ello. Todavía tendrás que lidiar con crisis de vez en cuando, especialmente al principio, pero tu papel aquí cambia gradualmente y dejas de ser un cuidador a medida que tu hijo se vuelve más y más capaz de cuidarse a sí mismo. Es posible que ya no tengas que bañarlos o vestirlos, pero podrás estar allí para escuchar cómo fue su día en la escuela, ayudarlos con su tarea y darles consejos sobre la vida que acaban de comenzar a vivir. Puedes ayudarlos a comprender a los demás y capacitarlos para hacer amigos y llevarse bien con los demás.

El énfasis aquí está en facilitar y guiar su crecimiento para prepararlo para la edad adulta. A medida que su desarrollo cognitivo y emocional mejore su capacidad de comprender el mundo que lo rodea, tu hijos podrá apreciarte y aprender cada vez más de tu sabiduría. Puedes enseñarle cómo compartir y disfrutar la compañía de los demás, cómo lidiar con pérdidas, contratiempos, fracasos y penas, especialmente cuando se enfrenta a situaciones difíciles, como la muerte de seres queridos, problemas con otros niños en la escuela o el no ser tan exitoso como otros en el deporte o la clase. La crianza positiva aquí también implica prepararlo para manejar el éxito de una manera beneficiosa, tanto como el fracaso. Los valores que demuestres a tu hijo aquí serán inculcados para toda su vida.

Comprender sus motivaciones en esta etapa de su vida se vuelve más complicado a medida que él se vuelve mejor para ocultar sus pensamientos y sentimientos. En su mayor parte, los niños a esta edad están interesados en divertirse y disfrutar de sus vidas, lo que hace de estos años, en particular, un momento hermoso en el que puedes participar activamente y disfrutar junto con ellos.

A medida que madura lentamente, es una buena idea darle la oportunidad de tomar más y más decisiones propias para prepararlo para la edad adulta. Si quiere hacer algo con lo que quizás no estés de acuerdo, dale la oportunidad de presentar su caso. Si puede convencerte de que lo que quiere hacer es en su propio interés, y es capaz de explicar por qué, es una buena idea dejar que lo haga, siempre que se mitiguen los riesgos, por supuesto. Esto lo ayudará a madurar y a asumir una mayor responsabilidad por sí mismo y le proporcionará las habilidades de pensamiento crítico que necesitará en la vida adulta.

Preadolescentes (10-13 años)

Después de la relativa estabilidad de la infancia, la crianza de los preadolescentes comienza a representar una vez más un capítulo muy desafiante de tu vida como padre. Este período de desarrollo de tu hijo trae una gran cantidad de desafíos y ansiedades a tu vida, lo que influirá directamente en cómo te trata y reaccionan a ti. La principal de las preocupaciones en esta etapa debe ser el creciente nivel de independencia que tu hijo necesita y desea.

A muchos padres les resulta difícil aceptar que el bebé que alzaron y alimentaron durante tanto tiempo se está convirtiendo en una persona joven, y son comprensiblemente cautelosos con el nivel de libertad que otorgan a su hijo. Sin embargo, dado que la transición de una independencia relativamente pequeña a una independencia total tendrá que suceder eventualmente, es una buena idea comenzar asegurándose de que él sea lo suficientemente responsable como para tomar sus propias decisiones y al mismo tiempo vigilándolo mientras comienza a mezclarse con gente nueva y queda expuestos a diferentes influencias o peligros.

Los amigos de tu hijo comenzarán a tener una influencia cada vez mayor sobre él, especialmente cuando comienza la escuela secundaria. Probablemente notarás que se acerca más a sus amigos y desea pasar más tiempo fuera de la casa, así que haz todo lo posible para asegurarte de que esté tomando buenas decisiones y que pase el tiempo con personas que lo influyen positivamente mientras le das el espacio que necesitan para respirar.

Para comprender las motivaciones de tu hijo preadolescente, piensa en sus propias experiencias de esa época. Probablemente estabas lleno de mucha incertidumbre y expectativa, tambipen una gran presión para mantener las apariencias y ajustarte a las normas de tus compañeros para encajar. Es posible que te hayas sentido consciente de la forma en que te veía y vestías por primera vezy te preocupaba que tu familia te avergonzara si los veían en público contigo. Comprende los nuevos desafíos y ansiedades de la vida de él lo más que puedas, y haz todo lo posible para darle el espacio que necesita cada vez más, mientras dejas la puerta abierta en todo momento para que busque tu consejo, amor y tranquilidad.

Adolescentes / Teenager (13-18 años)

El inicio de la adolescencia suele traer consigo la pubertad en tu hijo. Esto por sí solo trae una gran cantidad de complicaciones, problemas y ansiedades en su vida y debes hacer todo lo posible para ayudarlo a transitar mejor esta etapa. Es sin duda el período más difícil de la vida joven de la mayoría de las personas, por lo que más que nunca aquí tu hijo necesita tu orientación, comprensión y sensibilidad.

En este punto, comenzará a parecerse al joven adulto en el que pronto se convertirá, pero carece de la seguridad o la confianza que seguramente tendrá en el futuro cercano. Tampoco tiene experiencia en los aspectos de la vida adulta en los que repentinamente se ha visto inmersos, y simplemente aprendiendo a medida que avanza, por lo que te buscará para ayudarlo mientras navega por un nuevo y confuso mundo.

La escuela secundaria, puede ser un infierno en la tierra. El pequeño drama, el chisme y los valores superficiales hacen que sea difícil navegar sin mucho estrés, todo lo que sucede mientras tu hijo intenta abrirse camino a través de campos minados como exámenes, acné, pubertad y relaciones florecientes. Es probable que esté muy estresado y frustrado durante su adolescencia, con las hormonas corriendo por sus venas, causando cambios de humor y cambios de percepción que hacen que ciertos eventos sean mucho más difíciles de manejar. A lo largo de estos años, cumplirá su cuota de reproches y mal humor para con los padres y debes hacer todo lo posible para no tomarlo personalmente, mientras le recuerdas con gentileza que estás allí para ayudarlo y apoyarlo. Nunca permitas que te hablen o traten sin respeto, pero también ten compasión por lo difícil de la vida a esta edad.

Las motivaciones de un adolescente pueden variar enormemente. En este punto de su desarrollo, la complejidad emocional y situacional de su vida cotidiana puede comenzar a parecerse a la tuya. El sexo y las relaciones comenzarán a formar parte de su existencia, que es algo para lo que debes asegurarte de que esté educado y preparado. Cualquiera sea tu propia actitud hacia el lugar de estas cosas en la vida de su hijo, debes respetar su creciente autonomía. La verdad es que si intentas controlarlo, es muy probable que se rebele y haga las cosas de todos modos sin que lo descubras para evitar un problema.

Con esto en mente, debes aceptar la idea de que tu hijo descubra su propia sexualidad y hacer todo lo posible para apoyarlo y guiarlo a tomar decisiones positivas y saludables con este nuevo aspecto de su vida. Independientemente de si haces esto o no, él tomará sus propias decisiones, por lo que es una buena idea asegurarte de que todavía tienes algo que aportarle y de poder brindarle consejos sin avergonzarlo y jamás intentes controlar lo que hace.

Segundo Ejercicio Sobre Crianza Positiva

1. Evaluar la propia paternidad

Ten a mano un bolígrafo y un papel y escriba en él los nombres de todos sus hijos. Luego, debajo de cada uno de sus nombres, trate de enumerar algunas cosas que les vengan a la mente. Piense en los problemas que podrían estar enfrentando, el estrés que podrían sentir en su vida cotidiana y algunas otras cosas que entiende ellos están viviendo.

Una vez que hayas escrito estas notas, léelas nuevamente y reflexiona sobre ellas. Trata de averiguar cómo podrías ser un padre más positivo para ellos, cómo podrías estar más cerca tal vez, cómo tener una interacción más positiva con ellos y ser una parte más profunda de sus vidas. Piensa en la relación que tienes con ellos y cómo podría mejorarse desde ambos lados; lo que cada uno de necesitaría hacer para forjar un vínculo más profundo entre ustedes dos.

Sé crítico contigo mismo para poder mejorar tus prácticas como padre y así ayudar mucho más a tus hijos en su vida. También sé creativo y proponte compartir nuevas experiencias con ellos que podrían disfrutar juntos y que los acercarían.

2. Escuchar

Tómate el tiempo para conversar con cada uno de tus hijos e intenta escuchar mucho más de lo que concretamente están diciendo. Puedes comenzar hablando con ellos sobre cualquier cosa, pero intenta en el transcurso del diálogo penetrar más profundamente en sus vidas y descubrir qué problemas enfrentan que podrían no haberte mencionado todavía.

Si no pasan mucho tiempo junto entonces es poco probable que conozcas en verdad a tus hijos y cómo son sus vidas. Recuerda que desde afuera cualquiera puede opinar, pero que solo desde prejuicios. Acércate a los chicos y asegúrate de que en verdad los conoces o que ciertamente están pasando por lo que has anotado del modo en que creías. Proponles nuevas actividades para realizar en conjunto y así ganarás mucho tiempo compartido con ellos.

Y escúchalos de verdad. Si hacen críticas o sugerencias, tómalas en cuenta. Pregúntales qué creen de tu paternidad y cómo la comparan con las de los demás. Quizás los chicos tengan algunas sugerencias útiles sobre cómo mejorar su relación familiar y entre todos puedan ponerlas en juego.

3. Aprender de la experiencia

Escucharlos y proponerte una perspectiva crítica y constructiva de tu propio rol como padre, te ayudará a comprender mejor la vida de tus hijos y los problemas que enfrentan, así como la relación que tienen dentro de la familia y qué herramientas puedes aportarles.

Si anotaste muchas afirmaciones sobre el modo de ser, sentir o vivir de tus hijos o de la relación que tienen juntos, también tómate el tiempo de cuestionarlas y analizar en el contacto y el diálogo con ellos si en verdad es tan así como creías. Probablemente descubrirás lo mucho que no sabías de sus vidas o cuánto habías supuesto como verdadero desde tu propia perspectiva, sin tomar en cuenta la de ellos. Solo cuando realmente nos tomamos el tiempo para escuchar a nuestros hijos, aprendemos quiénes son realmente.

Y en base a este ejercicio y lo que concluyas de él, arma una nueva lista con todo lo que podrías hacer para mejorar el vínculo que tienen, escucharlos más, ser un mejor guía, maestro y amigo para ellos y disfrutar más del tiempo juntos.

Tercera Parte

Definiendo La Cultura Familiar

Cada familia está formada por los lazos individuales entre sus miembros y colectivamente. Y la suma de estas relaciones generan una atmósfera que envuelve a toda la unidad familiar, un estado de ánimo o tono que establece el trasfondo de cualquier interacción: su cultura.

El ambiente familiar

El tipo de ambiente que tiene tu familia es el resultado directo de las relaciones que creas con tus hijos y con los otros miembros del grupo. Si tu actitud hacia ellos es abierta, relajada, amorosa y comprensiva, también lo serán los lazos entre sus hijos y de ellos hacia otros adultos. Serán el tipo de familia que irradia alegría, risas y amabilidad. Su hogar será uno de esos donde todos se sientan amados y apreciados. Será el telón de fondo de años de hermosos recuerdos y momentos felices.

Un ambiente familiar abierto y amoroso proporciona un entorno seguro, constructivo y creativo para que tus hijos puedan aprender, crecer y explorar el mundo. Podrán vivir la vida a su propio ritmo, de la manera adecuada para ellos. Serán alentados y apoyados durante todos los momentos difíciles de sus jóvenes vidas. Sus mejores momentos serán compartidos con las personas que más les importan en todo el mundo.

Puedes encontrar que tener un gran ambiente entre los miembros de tu familia inmediata es relativamente simple, mientras que las cosas cambian cuando los familiares y la familia extendida están presentes. No podemos elegir a nuestra familia, y algunas personas tienen más suerte que otras cuando se trata de las relaciones que tienen con sus parientes. Si tienes suegros o padres difíciles, o un hermano cuya presencia estropea el ambiente amable y amoroso de tu familia, no te detengas. En cambio, concéntrate en cultivar el mejor ambiente posible para tus hijos; quién sabe, tal vez algún día tendrás nietos, sobrinas y sobrinos propios y podrás participar en una familia extensa cariñosa y pacífica.

El ambiente familiar influye en el tipo de personas que van a ser tus hijos. Les muestra lo que es importante en su familia, les dice quiénes pueden ser, de dónde vienen y quién se preocupa más por ellos en la vida. Sienta las bases simbólicas del carácter que tendrán en el futuro y de las posibilidades de desarrollarse.

Ellos aprenden tanta de ti y de las otras personas que los rodean, como de la atmósfera o cultura familiar que les muestra un modo de proceder, unos valores a los que agarrarse, los horizontes de expectativas que los rodean y las normas sociales. Aprenden a comportarse y a hablar, lo que está permitido y lo que no deben hacer, y qué actitud tienen hacia la vida. De esta manera, influimos indirectamente en las decisiones que toman nuestros hijos a través de la forma en que modelamos nuestros roles como personas para ellos. Es muy probable que un padre ansioso y estresado críe a un niño ansioso y estresado.

Algunos ambientes familiares fomentan la cooperación y el trabajo en equipo, mientras que otros preparan el escenario para la competencia y el conflicto. Como padre, eres responsable de construir la atmósfera que quieres para tu familia. A través de su actitud y sus acciones, los miembros de la familia generan y sostienen todo un campo de significado en el que luego se moverán. El estado de ánimo general en tu casa es un reflejo de los principios y valores con los que se mueven las personas que viven ahí.

Si priorizas divertirte y disfrutar de la vida por encima de todo, el ambiente familiar reflejará esto. Tus hijos absorberán estas prioridades, las reforzarán, y el hogar tendrá un ambiente relajado para todos. Cualesquiera que sean los estándares que establezcas, tus hijos los seguirán por lo tanto, debes cuidar mucho mantener una cultura familiar acorde a lo que deseas para tus hijos, y si elijes que vivan tranquilos, felices y llenos de posibilidades, deberás frenar actitudes competitivas o violentas que puedan aparecer, desterrar los insultos y construir cada vez nuevos espacios de encuentro en familia para reforzar los lazos que tienen.

Mantener un buen ambiente

Asegurarte de que la atmósfera en la que vive tu familia sea positiva, comprensiva y de apoyo para todos sus miembros, es una tarea diaria. El ambiente es tan bueno como las relaciones entre las personas que lo generan, por lo que, como padre, es tu función asegurarte de que cualquier estrés y conflicto se maneje de la manera correcta. No puedes evitar que sucedan cosas malas a las personas que amas, pero puedes elegir abordar cualquier experiencia negativa con una mentalidad que busque aprender las lecciones que hay detrás de ellas y procesar tus propias emociones de manera saludable.

Esta es la filosofía que está en el corazón de cualquier buen ambiente familiar. La perspectiva que manejan en la familia es mucho más importante que las circunstancias concretas de sus vidas. Si puedes ser positivo incluso en los momentos más oscuros, tu familia se sentirá positiva y seguirá siendo un lugar de amor y apoyo mutuo, sin importar las dificultades que pueda enfrentar. Esta es la razón por la cual los niños cuyos padres reaccionan constantemente a situaciones feas a través del miedo y la violencia estarán igualmente nerviosos y enojados, y es probable que así sean apra toda su vida. Tus hijos aprenden cómo comportarse en una situación dada, a partir de cómo reaccionas tu frente a algo similar.

Un gran ejemplo de esto son los padres que entran en pánico y reaccionan de forma exagerada cuando su hijo se cae. El niño puede estar completamente bien, pero el hecho de que sus padres muestren tanta preocupación y hagan un gran problema con las cosas, puede enseñarles que deben ser miedosos, que hay grandes peligros en todos lados y que se debe frenar el mundo por solo una caída.

Cuando te tratas a ti mismo y a los demás miembros de tu familia de una manera positiva, respetuosa y paciente, reflejarán esta actitud tanto hacia ellos como hacia los demás miembros de tu familia.

Democracia familiar

Una familia, como cualquier organización, necesita un buen liderazgo. Necesita que las personas den un paso adelante y demuestren la forma correcta de actuar y vivir la vida para establecer el tono y ser el ejemplo del que los demás miembros de la familia puedan emular y aprender. Tradicionalmente, las familias tenían una persona que las dirigía, a menudo el hombre de la casa, una figura patriarcal, que incluso podría seguir siendo el líder y la persona que toma las decisiones por todos una vez que sus hijos tuvieron hijos. Las configuraciones matriarcales también han sido comunes a lo largo de la historia, particularmente en familias con grupos de hermanas.

Entre los adultos de la familia pueden y deben elegir cómo se operará el liderazgo. Una idea cada vez más común en estos días es dirigir a la familia como una democracia, en lugar de una monarquía. En lugar de tener una persona o unas pocas personas que tienen el poder y toman las decisiones, se trata a todos por igual, todos tienen voz, y la opinión de todos importa.

Como adulto, todavía eres responsable, pero también puedes alentar a tus hijos a que tengan sus propias opiniones y expongan sus casos de manera madura y racional para decidir entre todos cómo se desarrolla la vida familiar.

Tener una dinámica familiar de este tipo tiene una serie de beneficios para tus hijos:

- Fomenta la independencia

- Promueve el pensamiento crítico

- Genera autosuficiencia

- Permite que todos sean escuchados y se sientan respetados y apreciados

- Crea vínculos más estrechos y de más apertura entre los miembros de la familia

Liderar a su familia de manera democrática cultivará mejores lazos entre padres, hijos y hermanos y permitirá que los niños prosperen sin importar su personalidad o preferencias. Las discusiones familiares se caracterizarán por la calma, el análisis crítica y la equidad, todos tienen la oportunidad de hablar y todos se sienten capaces de ser abiertos y honestos sobre lo que piensan o cómo se sienten. Tener una democracia familiar es más que dejar que todos sean escuchados; implica tratar a todos por igual, sin importar su edad o personalidad y tener la voluntad de usar el potencial de cada uno para crear una mejor vida familiar para todos.

La capacidad de los chicos de confiar en sí mismos se verá enormemente reforzada al tener la oportunidad de expresar lo que piensan y saber perfectamente que serán escuchados y respetados sin importar el tema del que se hable. Crecerán sabiendo que pueden tomar sus propias decisiones sobre cómo vivir y que si desean hacer algo, su familia los apoya y ayuda a lograrlo. También serán mejores en las relaciones sociales y capaces de tratara los demás con respeto y tolerancia.

Honestidad, confianza, errores y perdón

Ser humano es un viaje inevitablemente difícil y confuso. Las circunstancias de nuestras vidas varían constantemente exponiéndonos a cosas nuevas, a decisiones complejas o temáticas intrincadas que hacen que siempre sea muy difícil saber cómo actuar. No somos perfectos. Todos cometemos errores. Es simplemente la naturaleza humana a veces estropear buenos momentos, lastimar a las personas que nos importan o ser egoístas, solo por dejarnos llevar por sentimientos impulsivos.

Con esto en mente, hay dos actitudes que podemos adoptar respecto a cómo vemos la realidad que enfrentamos todos los días. O podemos detenernos en nuestros propios errores y en los de los demás y permitir que el resentimiento cubra nuestra felicidad y alegría, o podemos aceptar que son tan parte del ser humano como comer y respirar. Cuando adoptamos este último enfoque, nos liberamos de la culpa y el miedo para ser empáticos con nosotros mismos y con los demás y para comprender mejor los aspectos negativos de ser humanos, en lugar de intentar enterrarlos o alejarlos.

Tendemos a juzgar a los demás por sus acciones y a nosotros mismos por nuestras intenciones. Cuando aprendemos a ser comprensivos, podemos tomar a las actitudes y deseos como algo neutro, sin juzgarlo como positivo o negativo, y pensar de dónde vienen para entender mejor qué está sucediendo. Aceptamos que a veces todos tenemos malos comportamientos y sentimientos negativos y solo una vez que nos damos cuenta de esto que podemos comenzar a abordar los errores que las personas queridas cometen, con un punto de vista diferente: comprendiéndolos sin juzgarlos o castigarlos por lo que hacen.

Parte de la construcción de una cultura familiar positiva es aprender a aceptar que cada uno de nosotros cometerá errores y que, a su vez, necesitaremos de los demás mucho amor y perdón, cuando suceda. Por eso, no importa qué hagan mal nuestros hijos, si uno se equivoca y comete errores, todos podemos unirnos para aceptar cualquier disculpa y ofrecerle nuestro entendimiento, amor y perdón.

Si vas a ser un padre positivo, si quieres cultivar una atmósfera familiar de amor y aceptación incondicional, entonces tienes que otorgar en tu vida una enorme importancia a la honestidad y la confianza. Debes lograr que tu familia ofrezca apertura y aceptación a todos sus miembros, donde sientan que pueden ser ellos mismos y que pueden confiar en sus compañeros de vida. Eso implica tener una actitud comprensiva y una actitud paciente que permitan a las personas hablar y reconocer sus errores sin temor a ser rechazado. Por ejemplo, si uno de tus hijos se mete en problemas en la escuela o rompe algo valioso para ti, solo se sentirá capaz de reconocer sus errores si sabe que puede hacerlo de manera segura, sin temor a represalias o castigos y gritos maliciosos.

Dar prioridad a la verdad sobre la opción de castigar a las personas cuando han hecho mal, te conducirá a una hermosa cultura familiar de perdón por los errores de los demás, confianza y entendimiento. Al final del día, cuando alguien sabe que se ha equivocado y se arrepiente profundamente de sus acciones, siente remordimiento por lo que ha hecho y se castiga a sí mismo mucho más de lo que podría ser castigado por cualquier otra persona. Por eso, muchas veces no es necesario castigar para que un niño se dé cuenta de lo que hizo, solo darle tiempo y paciencia.

Algunos padres reaccionan a los errores de sus hijos con enojo y violencia física, sin darse cuenta o preocuparse por que el punto de castigo no sea lastimar y vengar, sino enseñar. Castigamos a los niños para que aprendan sobre lo que está bien y lo que está mal. Si saben que han hecho mal, entonces una conversación abierta y honesta al respecto hará mucho más para rectificar su error y curar cualquier herida que hacerlos sentir aún peor a través del castigo.

Cuando construyes relaciones con tus hijos que se basan en estos valores positivos, con el entendimiento de que siempre serán amados y que no hay nada malo que puedan hacer, ellos vas a entender en verdad que es mejor simplemente ser honesto en lugar de esconderse. Se trata de construir entre todos un ambiente de aceptación y comprensión, y forjar vínculos con los niños que se basen en un hondo y profundo amor y respeto. Estos son vínculos que pueden construirse y expandirse a lo largo de la vida, las relaciones que más apreciamos estarán con nosotros para siempre y el legado de nuestros hijos para sus propios hijos y los de ellos estará teñido de algunos de los valores que les inculcamos.

Cuando se cometen errores y se producen discusiones entre los miembros de nuestra familia, una cultura del perdón es esencial para reparar puentes y sanar grietas. Las peleas con las personas con las que vivimos pueden ser brutales: hay pocas personas en el mundo que conocemos mejor y, por lo tanto, pocas personas en el mundo que podamos perforar de manera más profunda con solo un puñado de palabras. Creemos que podemos lastimarnos terriblemente unos a otros y seguir porque somos una familia y no hay modo de arruinar esa relación para siempre. Pero las personas pueden quedar profundamente heridas por estos conflictos, por lo que una cultura del perdón es absolutamente necesaria para sanar heridas profundas y un mensaje que necesitamos transmitir a los niños para ayudarlos a superar los conflictos.

Construir una base firme de absoluta confianza, especialmente entre padres e hijos, es un elemento integral para crear una cultura familiar cálida y amorosa. Un niño debe poder decirles a sus padres cualquier cosa y tener total confianza en que sus padres mantendrán esa información segura y actuarán solo en su mejor interés. Cementar este vínculo de confianza es una de las claves para una crianza positiva. Es el núcleo de la relación padre-hijo, algo que permanece constante y consistente durante la infancia y más allá. Desarrollar esta confianza no es algo que pueda suceder de la noche a la mañana. Como cualquier confianza, se construye tras años de fiabilidad y consistencia.

El viaje familiar

La vida es un viaje, pero no uno donde el destino es el objetivo. Si este fuera el caso, el único punto en la vida sería morir, y no habría tiempo para disfrutar de la música, el arte, la belleza y la risa en el camino. El viaje en sí, más que el destino, es el punto de la vida. Es un viaje que finalmente tenemos que hacer solos, pero que podemos compartir con otras personas durante ciertos tramos. La verdadera belleza de la vida es poder tener seres queridos alrededor para compartir toda la alegría y la risa de la vida con ellos. Y cada uno de tus hijos emprenderá su propio viaje por el mundo para caminar por sus propios caminos y volverá a casa cada tanto para compartir sus experiencias contigo y el resto de la familia, pedir un consejo o sentirse queridos ante un tramo difícil. Esto, solo si logras crear una relación sólida y amorosa con ellos en los que sientan que la familia siempre podrás hacerlos sentir mejor. Porque si solo los alimentas, vistes y abrigas para que crezcan y puedan hacer sus viajes solos, entonces no sentirán que tienen a donde volver.

Comprender tu viaje y aceptarte a ti mismo

Como padres podemos decidir tener en la vida de los chicos una buena influencia si decidimos construir un hogar de crianza positiva en que el desarrollo de cada uno se realice en familia. Pero aún si no se trata de una decisión consciente o no nos tomamos el tiempo y trabajo de decidir cómo queremos ser parte de sus crecimientos, igualmente influenciamos enormemente sus vidas. Los niños tienden a observarnos e imitar nuestra personalidad, actitud hacia nosotros y hacia los demás, y la perspectiva con que vemos de vida, el modos de ser y las prioridades que establecemos todos los días, para imitarnos y construir así su propia personalidad.

Por eso es vital cultivar una relación de amor y comprensión contigo mismo para construir y mantener lo mismo con tus hijos. Si te respetas, aceptas y te amas, tus hijos te reflejarán y tendrán esas mismas cualidades en abundancia, porque las lecciones que has aprendido de toda una vida de experiencia estarán disponibles para ellos de inmediato.

Vivir tu vida de la mejor manera posible es ante todo tener una buena relación contigo mismo. Y así, todo se vuelve posible. Sin la capacidad de comprenderte y perdonarte, pasarás por la vida sin poder asumir la responsabilidad de sus decisiones y, por lo tanto, te limitarás a vivir una sombra de la vida que podrías haber experimentado. Si este es su destino, será el destino de sus hijos también. Aprenderán de ti cómo deben sentirse sobre sí mismos. Cuando te vean molesto y enojado porque tu vida no ha funcionado exactamente como querías, la lección que aprenderán es que no pueden esperar tener el control de su propia felicidad. Llegarán a esperar ser siempre víctimas de las circunstancias de sus vidas, en lugar de estar facultados para aceptar lo que deben sobre ellos y sus vidas y crear significado, propósito y disfrute en sus propios términos. Por eso es esencial que aprendas a amarte y respetarte a sí mismo, por el bien de tus hijos, así como por tu propia felicidad y paz interior.

Tener una buena relación contigo mismo significa perdonarte completamente por tus errores, pasados, presentes y futuros por igual. Significa poder sentirte enojado, estresado, culpable y orgulloso, sin avergonzarte de sentirte así en primer lugar. Cuando comprendes que tu vida es un enigma de complejidad cada vez mayor, cuando ves que nunca podrás esperar ser otra cosa diferente a lo que eres, obtienes la capacidad de dejar de cargar el peso que llevas contigo todos los días. Al igual que la felicidad, aceptarte a ti mismo es una actitud, no un estado de las cosas. No se trata de detenerte periódicamente para confesar tus pecados y culparte por ellos, sino de perdonarte por tus errores en este momento, justo cuando los estás cometiendo, incluso cuando te das cuenta de que estás haciendo algo mal y continúas haciéndolo.

Así que en el futuro, recuerda que esta actitud hacia ti mismo afectará también a tus hijos a través de la forma en que te comportas y las cosas que dices. Ellos también llegarán a comprender que nunca pueden esperar ser perfectos o tener vidas perfectas, y que todo lo que pueden hacer es esforzarse para disfrutar lo que es bueno en sus vidas sin pensar demasiado en lo que es malo o en los errores que han cometido.

Tener una mejor comprensión de ti mismo y de lo que deseas, también te permitirá ser un mejor padre. Serás más empático, más consciente y capaz de comprender las batallas que se libran en las vidas de tus hijos, sin importar cuán triviales podrían parecerte para ayudarlos a superarlas.

Cuando llegues a respetarte a ti mismo, tendrás un mayor respeto por los demás, incluidos tus hijos y ellos también te respetarán y aprenderán a respetarse a sí mismos. El respeto es la piedra angular de cualquier relación genuina y es un ingrediente vital para cultivar un vínculo con los demás. Allana el camino para una mejor comunicación y que puedan construir sus ideas y modos de comprender al mundo, juntos tú y tus hijos. Sin este respeto bidireccional, no se sentarían y escucharían realmente cuando hablas, y no sentirías la necesidad de ayudarlos realmente a aprender las lecciones importantes de la vida en primer lugar.

La teoría del apego

Los niños aprenden a través de la observación y la imitación. Hagas lo que hagas, se darán cuenta e internalizarán el mismo tipo de pensamientos y sentimientos que expresas como parte de su propio modelo interior.

Como seres humanos, tendemos a operar desde una colección de patrones increíblemente complicados. Estructuramos nuestros hábitos y formas de pensar, sentir y vivir basados en estos patrones que establecen el ritmo que seguimos por el resto de nuestras vidas y que solo puede cambiar con mucho esfuerzo y comprensión de nosotros mismos. Estos patrones mentales que formamos desde niños, por lo tanto, nos siguen durante el resto de nuestras vidas.

No hay mejor ejemplo de esto que la teoría del apego, un concepto promovido por el psicólogo John Bowlby como una forma de tratar de entender cómo las experiencias que tenemos de niños influyen profundamente en nuestro desarrollo personal y nos siguen durante el resto de nuestras vidas.

La teoría del apego sugiere que los niños necesitan formar un apego físico y emocional con su cuidador para sentirse seguros y a gusto. Esto les permite tener una base segura desde la cual pueden explorar el mundo e interactuar con las personas a su alrededor sin temor ni ansiedad. La teoría de Bowlby establece que los niños que no forman un vínculo seguro con un cuidador cuando son jóvenes tienen vidas mucho más problemáticas y emocionalmente sombrías que los que lo hacen. Esto demuestra la importancia de las experiencias que tenemos de niños para influir en cómo será el resto de nuestras vidas.

Los hábitos que formen tus hijos y los patrones que internalicen los seguirán durante toda su vida. Por esta razón, es importante darles una base emocional tan segura como sea posible para que puedan crecer y florecer.

La importancia de la actitud y la perspectiva

El viaje de toda la familia está determinado por la actitud y perspectiva de vida de sus miembros. Se trata de la mentalidad con la que se acercan a las experiencias y el modo en que las comprenden.

Esa perspectiva que establecen juntos, afectará

todo lo que piensen, hagan y digan unos a otros. Por esta razón, una parte fundamental de la crianza positiva es tratar de desarrollar una perspectiva positiva sobre la vida para nosotros y nuestras familias. Es mucho más fácil decirlo que hacerlo, por supuesto. Todos hemos visto videos de autoayuda en YouTube o hemos leído libros sobre cómo tener una perspectiva más positiva de la vida y preocuparnos menos. La cruda verdad es que es difícil mantenerse positivo cuando todo se siente como si se estuviera desmoronando a tu alrededor. Es difícil recordar no estresarse cuando hay dificultades en el trabajo y estamos preocupados por nuestras casas y cómo vamos a poner comida en la mesa y mantener a nuestros hijos.

Manejando el estrés y lidiando con la adversidad

Entonces, ¿cómo te mantienes positivo en un

mundo que se ve tan negativo la mayor parte del tiempo?

Estas son algunas de las principales dificultades que enfrentan las personas en la vida, y un análisis de con qué actitud puedes tratar de abordarlas para tener una mejor perspectiva de las cosas. También te voy a dar algunas soluciones prácticas para mitigar su efecto negativo.

1. Estrés: El estrés es la respuesta natural que sentimos como resultado de estar expuestos a cosas que representan una amenaza para nuestra seguridad y el bienestar de nuestra familia. Cuando tenemos miedo, nuestro cuerpo entra en algo llamado modo de "lucha o huida", donde las funciones esenciales de supervivencia de nuestro organismo, como nuestra capacidad para correr, pensar y luchar, se priorizan a expensas de otras menos importantes como la digestión o el sueño.

Todo esto está muy bien cuando intentas luchar contra un depredador, pero cuando recibes una factura por correo a principios de mes que no puedes pagar y estás atrasado en el alquiler y tu hijo necesita nuevos zapatos, no es tan efectivo.

El estrés es corrosivo, especialmente cuando está presente durante largos períodos de tiempo. Nos afecta mental y físicamente, nos desgasta por dentro y por fuera, eleva la presión arterial y hace que nuestros corazones trabajen más para mantenernos vivos y saludables. El estrés puede ser adictivo. Y obviamente, este no es un estado de cosas que sea particularmente propicio para disfrutar nuestras vidas o tener una perspectiva positiva o saludable de las cosas.

Lidiando con él: Cuando intentas dar forma a cómo ves el estrés que sientes en tu mente, puede ayudar recordar que está ahí por una razón, pero que tu cuerpo que no conoce la diferencia entre amenaza inminente de muerte y facturas sin pagar.

El nivel de estrés que sientes la mayoría de las veces no se correlaciona con la dificultad real que enfrentas. Saber esto no ayudará a pagar tus cuentas ni a poner comida en la mesa, pero te ayudará a poner en perspectiva lo que sientes y relajarte un poco. No importa cuán estresado estés en las situaciones de tu vida, estarás bien. Sobrevivirás, serás capaz de mantener a tus hijos alimentados y sanos. Encontrarás una salida a cualquier situación.

Piensa en tiempos de tu vida en los que te sentiste extremadamente estresado por algo que ahora parece menor e insignificante. Lo más probable es que ya ni siquiera pienses en eso, y tu cerebro ha pasado a estar estresado por otra cosa. En el futuro, lo que sea que te esté estresando ahora probablemente se sentirá tan insignificante como esas cosas del pasado.

Es importante que encuentres el tiempo y el espacio para relajarte. Debes cuidar de ti mismo además a tus hijos. Asegúrate de permitirte el espacio para respirar que necesitas para que la paz y la tranquilidad sean una parte normal de la vida. Uno de los consejos más valiosos que me han dado fue recordarme crear una vida de la que no sintiera la necesidad de escapar constantemente. Y puedes hacerlo tú mismo priorizando tu salud mental y tomando tiempo para desestresarte cuando lo necesites. Algunas personas encuentran la tranquilidad en darse un baño y tomar una copa de vino, otras en salir a caminar o pasear con sus amigos. Haz lo que sea necesario para evitar sentirte constantemente agotado, y jamás te creas culpable por tener que hacerlo.

2. Preocupación: Esta es la sensación punzante que tienes en el estómago de que algo está a punto de salir muy mal, y necesitas desesperadamente evitarlo al encontrar una solución. Sin embargo, al igual que el estrés, el nivel de preocupación que sentimos a menudo no se correlaciona con el alcance real de la amenaza que se nos presenta en los problemas situacionales de nuestras vidas.

La preocupación cumple su propósito sólo cuando te pide que pienses en lo que puedes hacer para mitigar un problema. En todos los demás momentos, es solo una carga innecesaria que te impide disfrutar de tu vida. Al igual que el estrés, la preocupación puede ser adictiva. Podemos llegar a sentirla con tanta frecuencia e intensidad que nos cuesta estar sin ella. Muchas personas, como yo, han experimentado ese sentimiento horrible y surrealista de estar preocupados de que no tienen nada de qué preocuparse y terminan buscando desesperadamente un problema del cual hacerse cargo.

Lidiando con la preocupación: Trata de cambiar el papel que la preocupación tiene en tu vida. En lugar de verla como algo necesario para protegerte a ti mismo y a tus seres queridos, intenta ver a la preocupación como el parásito que es. Claro, a veces tienes buenas razones para estar preocupado, pero en muchos momentos, no.

Solo hay dos opciones, lo que puedes hacer y lo que no, como respuesta a una situación. Si puedes hacer algo, hazlo. Si no puedes hacer nada, entonces no hay nada que hacer más que dejar que suceda. De cualquiera de estas formas, preocuparte no ayuda en nada, simplemente te quita la posibilidad de disfrutar y estar en paz, y si no estás disfrutando de su vida, ¿cuál es el punto de estar tan preocupado por eso? No tienes nada que perder. Intenta aceptar las cosas como son, haz lo que puedas y no te preocupes por lo que no puedes controlar.

Algunas soluciones prácticas para reducir la ansiedad incluyen tratar de anclarte en lo que está sucediendo aquí y ahora al permitirte ser completamente absorbido por la compañía de tus amigos y familiares, un libro, una película o buena música. Tómate el tiempo para concentrarte en los aspectos positivos de la vida. Cuando sientas que la ansiedad se eleva dentro tuyo y te ruega que le prestes atención, cierra los ojos. No lo alejes. Tampoco respondas a eso. Solo déjalo estar allí, reconoce que está y luego vuelve a lo que estabas haciendo antes, con toda tu atención. Está bien sentirse ansioso, pero si puedes evitar responder y consentir a la ansiedad cada vez que se eleva, entonces puedes romper el círculo vicioso y evitar ceder ante la necesidad de preocuparte cada vez más.

3. Dinero: Este es uno de los mayores factores estresantes en la vida de la gran mayoría de las personas en todo el mundo. Todos quieren más dinero, todos sienten que no tienen suficiente y todos están tratando de encontrar la manera de obtener más.

El dinero es importante, pero no es todo lo que hay en la vida. Si tienes suficiente para sobrevivir y que tu familia no pase hambre, estás mejor que la mayoría. Esto ofrece poco consuelo cuando no tienes suficiente para llevar a tus hijos al cine o comprarles buenos regalos para las vacaciones, pero es importante tener en cuenta la relatividad. Incluso si tuvieras más dinero, no serías necesariamente más feliz. Mucha gente gana dinero y su felicidad incluso disminuye. Cuando esperas que el dinero mejore tu vida por sí solo, le das un poder que no tiene y alejas la felicidad de tu propio control.

Tratar con eso: Es difícil, pero si puedes cambiar la actitud que tienes hacia el dinero, puedes encontrar satisfacción en las cosas que tienes en lugar de detenerte en las cosas que te faltan. No hay una solución única para todas las situaciones en las que necesitas desesperadamente dinero que cualquiera pueda ofrecerte, pero puedes encontrar formas de ganar dinero si piensas de manera creativa o resolver lo que crees que te hace falta de algún modo gratuito. Recuerda que todas las cosas que realmente importan en la vida ya están a tu alcance. Mientras estés con las personas que te quieren y disfrutes de la vida, ya tienes todo lo que realmente tiene sentido. Eso es algo que el dinero no puede comprar.

4. Tiempo: Muchas personas sienten que no tienen tiempo suficiente para disfrutar realmente de sus vidas. Es un tema tan preocupante algunas veces que buscamos formas desesperadas de aprovechar al máximo las cosas, a menudo privándonos de un sueño precioso para cumplir con todos nuestros compromisos. El problema es que siempre habrá algo que hacer. Siempre habrá lugares a los que ir y personas con las que hablar que exijan tu tiempo. Debes darte cuenta de que nunca habrá suficiente tiempo en tus días o en tu vida para hacer todas las cosas que necesitas hacer.

Tratar con eso: En lugar de apresurarte a hacer las cosas que tienes que hacer, debes priorizar las cosas que deseas hacer. La vida es corta. ¿De qué sirve gastarlo todo tratando de satisfacer las demandas que se nos imponen si no nos dejan tiempo para sentarnos a disfrutar? Sé honesto contigo mismo sobre cuánto tiempo tomarán las cosas. Tómate los momentos que necesites para las cosas que más importan y descarta las cosas que no son relevantes. La vida es demasiado corta para gastar más de lo que tienes en cosas que no te satisfacen.

Entonces

Te estarás preguntando por qué te digo todo esto cuando en verdad quieres que te diga cómo ser un mejor padre y la respuesta es muy sencilla: es necesario que ordenes tu vida y aprendas a relajarte para poder enseñar a tus hijos lo mismo. Lidiar con el estrés, las preocupaciones, la falta de dinero o el paso del tiempo son cuestiones muy comunes que ellos van a tener que enfrentar en sus vidas y el modo en que logres hacerlo tú, les dará una clara de idea de cómo resolverlo.

Pero además, también es muy importante que puedas enfocarte en lo que más importa y si estás leyendo este libro puedo intuir que ya llegaste a la conclusión de que la relación que tengas con tus hijos es más importante que el trabajo y otros aspectos de la vida. Por eso, enfócate en ellos y aprende a resolver de modo práctico y simple tus otras preocupaciones para poder dedicar a tu familia más dedicación, tiempo y energía.

Compartir la felicidad

La felicidad puede parecer un concepto esquivo a veces. Es resbaladizo. Tiende a esconderse de tu poder de comprensión. La felicidad es una forma de ver las cosas en tu vida. Eso es todo. Se trata de apreciar lo que hay para ser apreciado, que siempre es mucho más de lo que crees.

Esta forma de ver las cosas te permitirá encontrar la alegría y la belleza ocultas en tu vida. Trata de mantener un estado mental positivo, porque la forma en que percibes el mundo crea la realidad que habitas a diario y realmente eres capaz de pararte frente al mundo de cara a encontrar la felicidad en él.

Una de las mejores maneras de apreciar la belleza en tu vida es compartirla con otras personas, y hay pocas personas más adecuadas para compartir tu felicidad que tus hijos y la familia. ¿Alguna vez has visto una película de comedia o un show de humor solo y has notado que apenas te ríes? Si lo haces, probablemente solo estés expulsando aire de la nariz con un poco más de fuerza de lo habitual, pero no es que en verdad te divierta. Si compartieras el momento con las personas cercanas a ti, te resultaría mucho más divertido. Lo que trato de decirte es que la risa es una actividad social. Simplemente no encontramos cosas tan divertidas cuando no hay nadie con quien compartir los chistes.

Y lo mismo sucede con la felicidad, el goce y el disfrute. Si compartimos buenos momentos en familia podremos reír mucho más fuerte, correr, jugar, y divertirnos más, o solo callar mientras apreciamos la belleza del mundo. Mientras que todos esos sentimientos tan lindos que experimentamos también podremos contagiarlos a nuestros hijos y crear mejores lazos con ellos mostrándoles que pueden en verdad ser felices si deciden hacerlo.

Ejercicio de autoevaluación sobre tu cultura familiar

1. ¿Cómo es tu cultura familiar?

Pregúntate qué tipo de ambiente generas en tu familia. Sé honesto y escribe algunas notas si es necesario. ¿Es tu familia feliz, relajada y solidaria, o la atmósfera en el hogar es más bien negativa y sofocada?

Tómate algún tiempo para observar en silencio cómo se relacionan los demás en su familia y siempre pregúntate si es el mejor ambiente donde criar a tus hijos.

Una vez que hayas reflexionado y observado lo que caracteriza a su cultura familiar, piensa si hay algo que te gustaría que fuera diferente y qué cosas puedes hacer para lograrlo. Tal vez te gustaría ser más abierto y honesto, sentirte más cómodo en familia como para disfrutar más junto a ellos, o que los niños te prestaran más atención cuando les hablas.

2. ¿Qué caracteriza tu actitud personal ante la vida?

Tómate el tiempo ahora para reflexionar sobre tu propia perspectiva y actitud hacia su vida. ¿Te sientes satisfecho? ¿Por qué? ¿Qué cosas te gustaría cambiar en tu vida? ¿De qué aspectos de tu vida no puedes sentirte orgulloso?

Pregúntate qué puedes hacer para cambiar esa mentalidad y mejorar tu actitud ante la vida. ¿Cómo puedes disfrutar más? Tal vez descubras que siempre estás distraído cuando llegas a casa, por lo que podrías decidir pasar más tiempo en familia y prestar más atención a lo que sucede cuando estás con ellos, en lugar de quedarte mentalmente en otro lugar, pensando en otra cosa en lugar de disfrutar tu vida como se despliega frente a ti.

3. ¿Cómo puedes mejorar?

Cuando te invito a reflexionar o frenar un momento la inercia que te mueve para poder analizar cómo son las cosas en tu cabeza y tu casa, lo primordial es que puedas extraer conclusiones sobre todo lo que ves y tomar decisiones más conscientes sobre cómo actuar para así mejorar tu modo de ser con los demás. Es muy importante que puedas habituarte a reflexionar más y racionalizar todo lo que sucede a tu alrededor para que tomes el control de tu vida y la orientes hacia tus objetivos. Y si ahora puntualmente te preocupa poder darles el mejor ámbito posible a tus hijos para criarlos de cara a que tengan un buen futuro, también aquí es importante que puedas elegir el modo en que lo haces y no solo te dejes llevar por la corriente.

Últimas palabras

Con las lecciones que en este libro te proporciono, ahora estás listo para iniciar tu viaje hacia la una crianza de tus hijos más positiva. La forma en que los padres guían en la infancia a sus hijos siempre es única para cada familia y cada chico, pero con las herramientas que te estoy acercando, podrás combinar tus propios métodos con prácticas más positivas y saludables que te conduzcan a una vida más feliz y tranquila para toda tu familia.

La paternidad positiva significa entender que tus hijos deben ser tratados con amor, compasión y amabilidad en todo momento. Implica tener en claro que la comprensión en sí misma es la clave para forjar conexiones más profundas y fuertes con tus hijos: comprenderte a ti mismo, comprenderlos a ellos, a tu pareja o co-padre y comprender también la vida. No tienes que tener una comprensión completa de ninguna de estas cosas para ser padre de manera positiva, solo enfocarte en que esta comprensión es lo verdaderamente importante. No es posible tener una comprensión total, por lo tanto, simplemente debemos esforzarnos por aprender y llegar a entender más de lo que ya lo hacemos.

Tenemos que aprender a interactuar y hablar con nuestros hijos una y otra vez a medida que crecen y cambian ante nuestros propios ojos. No es raro mirarlos un día y darnos cuenta de que, si bien siguen siendo la misma persona, son muy diferentes de los niño que eran hace sólo unos años. Ser un padre positivo implica volver a evaluar las tácticas que empleas en la crianza y también la forma en que tratas a tus hijos para satisfacer las necesidades de sus vidas en cualquier etapa en la que se encuentren.

Criar a tus niños con estos valores positivos requiere de ti, adoptar la actitud correcta hacia cada aspecto de la vida, desde la forma en que ves cada día y a cada persona que conoces y amas, hasta la forma en que te ves a ti mismo. Sin una actitud abierta, reflexiva y honesta, no puedes llegar a enfocarte en lo que en verdad importa en la vida.

Debes valorar todas las cosas que hacen de la crianza una experiencia hermosa y positiva para internalizarlas y, por lo tanto, irradiarlas hacia las personas que te rodean. No es suficiente solo querer criar a tus hijos positivamente, también debes vivir de manera positiva para mostrarles a ellos cuál es el camino que pueden tomar.

Esta filosofía positiva, cuando realmente la tomas en serio, es evidente en todo lo que haces. Es ahí cuando escuchas a tu hijo hablar sobre el color que logró con sus nuevos crayones y puedes decirle cuánto te gusta o corres a admirar la forma en que han usado los diferentes colores juntos. También está presente cuando los tranquilizas y les dices que está bien como se sienten pero que seguirás abrazándolos hasta que se sientan mejor. Y cuando tienes que enviarlos a su habitación en penitencia para que entiendan que no pueden portarse mal y te acercas a verlos y hablar diez minutos después, para explicarles en verdad lo que quieres que aprendan. O cuando te ven hablando y riendo con ellos en la cena y se dan cuenta de que todo lo que más te importa en la vida está junto a ellos.

Emprender el viaje de la paternidad no es algo que se pueda tomar a la ligera. Es una gran responsabilidad; tienes la tarea de supervisar y administrar la vida y el desarrollo de un pequeño ser humano. Pero no necesitas preocuparte por si harás o no un buen trabajo, si estás equipado con las habilidades adecuadas o si lo arruinarás. La buena crianza, la crianza positiva, es una actitud. Es una perspectiva de las cosas, nada más. Cuando tienes la perspectiva correcta, buscas constantemente ser lo mejor que puedes ser. Es por eso que compraste este libro, y es por eso eres un gran padre.

Cuando te sientas abrumado y frustrado o confundido acerca de cómo actuar de manera positiva, cuando sientas que tus hijos simplemente no responderán a cierto tipo de prácticas o que no vas a poder conversar con ellos como te propongo, recuerda que la vida es un viaje de aprendizaje continuo. Cometerás errores y aprenderás de ellos. A veces tienes que cometer un error antes de que se te presente la solución al problema que estabas tratando de resolver.

Con los niños es muy importante tener la consciencia de que en su crianza se juegan muchos factores que determinarán su vida para siempre, junto a la voluntad de esforzarte aunque cueste, por hacer lo mejor que puedas por ellos. Es difícil y lleva mucho tiempo acostumbrarte a frenar tus propios impulsos para reflexionar y decidir cuál es el mejor modo de enseñarles algo. O acostumbrarte a que no siempre te van a decir lo que sienten y deberás indagar en sus cabecitas para comprender por qué reaccionan como lo hacen ante la vida. Pero no es imposible si en verdad quieres tener vínculos inquebrantables con ellos, comprenderlos, ayudarlos a sentirse mejor y darles las herramientas que necesitan para construir su futuro.

Libro 2:
Disciplina para niños pequeños

El poder de la crianza positiva y una comunicación saludable en la vida cotidiana de su hijo

Introducción

La disciplina es un arte. Se trata de mostrar a los seres humanos cómo adherirse a ciertos comportamientos a través de técnicas como el refuerzo positivo y el amor incondicional, que es el afecto sin limitaciones ni condiciones. Es importante ser creativos al aplicar las diversas técnicas de disciplina con amor incondicional, porque los seres humanos reaccionan a la disciplina de manera diferente, dicha reacción depende de su temperamento, heredado y creado a través de la naturaleza y la genética, y de su entorno doméstico a través de la crianza. Lo que funciona para un niño puede no funcionar para otro.

Sin una disciplina amorosa, un niño pequeño eventualmente podría volverse un adulto desquiciado, metiéndose en problemas por no tener bien cimentada la diferencia entre lo correcto y lo incorrecto. Esto sería difícil para su familia, para la sociedad y para el adulto indisciplinado, ya que entrará en constantes desacuerdos con los demás por su carácter rebelde. Lo último que alguien quiere es que, debido a la falta de amor y disciplina, su hijo termine en prisión y aparezca en el programa televisivo "Beyond Scared Straight".

La tarea principal de un padre es amar incondicionalmente al niño. Debe enseñarle a su hijo, a través del amor incondicional y la disciplina positiva, cómo adoptar comportamientos y hábitos saludables que lo ayuden a prosperar y progresar en la vida. Cuando el niño tiene la capacidad de aprenderlo, alrededor de los seis meses, es cuando puede iniciar este entrenamiento. Esto ocurrirá tan pronto como un niño tenga la edad suficiente para entender las palabras sí y no. La forma en que entrene y discipline con amor a su hijo es lo que marcará la diferencia en su vida, y con amor incondicional, el niño prosperará. Recuerde, amar incondicionalmente significa aceptar al otro con todas sus imperfecciones, tal como es en este momento.

Un aspecto que voy a discutir en este libro es cómo lograr un equilibrio saludable en la disciplina, llevada a cabo con amor incondicional. Si el padre es demasiado estricto y autoritario en su estilo de crianza y disciplina, el niño podría rebelarse y meterse en problemas de algún tipo. Por otro lado, si el padre es demasiado indulgente y complaciente, el niño podría pensar que no habrá consecuencias para sus acciones. Esto también podría causarle problemas al niño en el futuro. Parecería que la disciplina es algo muy matizado, depende de cada niño y de su nivel de desarrollo. Sea como fuere, amar incondicionalmente significa amar y aceptar al niño. En otras palabras, su amor y cuidado deben ser consistentes, independientemente del tiempo, lugar o situación.

El momento en que más sencillo es enseñar al pequeño ocurre cuando aún se encuentra en los años formativos, en parte porque el niño todavía no ha sido influenciado por el mundo. Además, su mente está más abiertas a sugerencias, ya que todavía está creciendo y su comportamiento es más maleable y adaptable en comparación con la mayoría de los adultos.

Los niños pequeños necesitan más estructura, orientación y disciplina amorosa, pero positiva, para aprender a comportarse y a tratar a los demás. De lo contrario, un escenario probable podría ser similar a la película "Daddy Daycare", donde hay un desenfreno de los niños de la guardería, pues logran hacer lo que quieran, cuando quieran y como quieran. Es cuando debe entrar en juego un modelo positivo que marque la diferencia.

Los padres positivos emplean una crianza positiva para enseñar y disciplinar a sus hijos a través del amor y la disciplina. La crianza positiva es muchas cosas, pero lo más importante:

> La crianza positiva es la relación continua de uno o más padres y un niño o niños que incluye el cuidado, la enseñanza, el liderazgo, la comunicación y la satisfacción de las necesidades de un niño de manera constante e incondicional (Seay et al., 2014, p 207).

En otras palabras, la crianza positiva se realiza a través del amor incondicional y la disciplina a través de las acciones que los padres emprenden para enseñar y convertir a dicho niño en un adulto totalmente responsable que puede gobernarse a sí mismo. Esto podría incluir acciones como enseñarle a ir al baño a través de técnicas de refuerzo positivo, como alabarlo por un trabajo bien hecho. En última instancia, la crianza positiva, el amor incondicional y la disciplina van de la mano porque dan a los niños una estructura para aprender y crecer como individuos completos. Es decir, la disciplina amorosa y el cuidado incondicional se ponen en acción dentro de la crianza positiva no para que se les facilite la vida a los padres controlando a sus hijos, sino para el beneficio total de los niños. En general, el enfoque lo es todo cuando se trata de la disciplina de un niño, especialmente de un niño pequeño.

Se sabe que a veces los niños pequeños hacen berrinche, golpean a otros e incluso prueban sus límites y nuestra paciencia. A veces pueden sacarnos de quicio con sus arrebatos emocionales también. Aquí, el padre encontrará las mejores respuestas a todos los problemas de disciplina con su(s) niño(s). Este libro ayudará a los padres no solo a disciplinar positivamente a su hijo a través del amor incondicional, sino que también los llevará a acercarse, ya que la relación se irá desarrollando poco a poco como resultado de que el padre trabaje con él o ella para generar confianza mutua en el camino. A medida que el padre aplique las técnicas de disciplina positiva, descubrirá que su hijo pequeño se vuelve más apto para trabajar con él o ella, para complacer a su padre con sus esfuerzos y para ser más independiente. Como resultado de las técnicas positivas de crianza y disciplina amorosa de los padres, el niño tendrá una gran probabilidad de convertirse en un adulto responsable.

Por ejemplo, si el niño muerde a otros, un consejo es tratar de reducir su nivel de estrés a través de actividades que alivien su tensión, como tocar música suave u ofrecerle cosas que él o ella pueda morder sin lastimar a nadie más, como anillos de dentición. Las estrategias de orientación positiva y el amor incondicional pueden funcionar cuando el padre expresa qué comportamientos se esperan del pequeño (que siempre es más útil que expresar los que no se desean). Siendo específicos, debe usar un tono firme, pero amoroso, para que el niño sepa que no está permitido morder.

Luego ofrézcale la opción de ayudar al niño mordido si ambas partes están de acuerdo, o que el niño se siente tranquilo por un momento. Cuando un niño ha mordido, es importante hablar con él de nuevo y volver a enfatizar que no está permitido. Finalmente, ofrezca estrategias que el niño pueda emplear para evitar morder la próxima vez. Tal vez incluso deba alentarlo a usar palabras en su lugar.

Una vez que el niño aprenda cosas como no morder, podrá socializar con otros niños de su edad en entornos como una guardería, un campamento o una cita para jugar en un parque. El niño también ganará confianza en sí mismo y en su capacidad de jugar y divertirse con otros niños, al tiempo que podrá expresar sus sentimientos con seguridad mediante el uso de palabras. Como resultado, el padre de dicho niño puede relajarse y disfrutar la cita de juegos también, sabiendo que el niño ha aprendido y aplicado un nuevo conjunto de habilidades.

Parecería que la crianza positiva y la disciplina amorosa son sinónimos, pues se centran en resultados positivos y, de paso, preparan el escenario para futuras interacciones.

Puedo prometer que tanto el padre como el niño se beneficiarán con la aplicación del amor incondicional y las técnicas de disciplina positiva explicadas en este libro. Como resultado, tanto el padre como el niño estarán más felices y serán más capaces de convivir en su día a día, a medida que el padre brinde una estructura positiva para que su pequeño aprenda y crezca con amor incondicional y una disciplina adecuada. Además, el padre también puede aprender una o dos cosas de su niño pequeño y así crecer con él, de tal manera que padre e hijo se vuelvan aún más cercanos. Otros padres pedirán consejos sobre crianza a los que lean este libro, ya que también serán testigos del buen comportamiento de sus pequeños. Los resultados positivos son muchos y muy variados, siempre y cuando el padre discipline positivamente a su hijo con amor incondicional, paciencia y disciplina, lo que le proporcionará una estructura sólida mientras crece.

No deje para después el leer este libro, porque el resultado podría ser que el niño ahora y el adulto del futuro sufran las consecuencias de la inacción de sus padres. En resumen, el bienestar y el futuro del niño están en juego. Es posible que su hijo no se convierta en el adulto en el que él o ella es capaz de convertirse. Ahora es el momento de tomar medidas para garantizar su bienestar. Si desea que su pequeño obtenga las recompensas emocionales, sociales y psicológicas y los beneficios de la crianza positiva, el amor incondicional y las técnicas de disciplina, invierta en el presente y futuro del niño adquiriendo este libro ahora. El padre podrá ver la diferencia después de aplicar solo algunas técnicas positivas de crianza y disciplina amorosa.

Sin importar la situación o el entorno, se producirán cambios positivos en el niño, ya que la aplicación de las técnicas positivas de disciplina amorosa y de crianza establecerá el escenario para las interacciones presentes y futuras, a medida que el niño aprenda a conducir situaciones desafiantes, primero con la ayuda de los padres y su amor incondicional, y eventualmente solo. Se necesita tiempo, paciencia y amor incondicional para explicar las cosas varias veces y disciplinar positivamente al niño, pero valdrá la pena porque una vez que el niño comprenda la lección que se le está enseñando, podrá adaptarse a numerosas situaciones a medida que esa lección se aplique una y otra vez. Incluso el niño podría enseñarle a otros niños lo que él o ella ha aprendido. Siempre es una alegría presenciar como un niño pequeño puede aprender y convertirse en una persona pequeña por derecho propio.

Claramente, se presenta el momento de actuar. La mente, las acciones y las reacciones del niño todavía están en sus años formativos, y el padre tiene el poder de moldear y sentar las bases para las interacciones, comportamientos, pensamientos e incluso relaciones presentes y futuras. Todo lo que el niño necesita para tener éxito ahora y en el futuro es el tiempo, la paciencia, el amor incondicional y las técnicas de disciplina positiva que sus padres le podrán otorgar al leer este libro. Si el padre invierte en su pequeño hoy, las recompensas serán infinitas, ya que el padre será testigo de cómo su hijo aprende hasta convertirse en un pequeño ser humano, y eso es algo que no tiene precio.

Capítulo uno:

El desarrollo del cerebro y los años maravillosos

Siempre estamos aprendiendo y creciendo, independientemente de nuestra edad y experiencia. Esto es mucho más cierto para los niños pequeños porque sus cerebros crecen muy rápido. Nuevas conexiones y células cerebrales en medio de neuronas y sinapsis se forman y desarrollan constantemente y, como resultado, se producirá mucho crecimiento y aprendizaje durante esos primeros años. De hecho, el cerebro del niño se volverá cuatro veces más grande para cuando se gradúe de preescolar. Es durante este tiempo de aprendizaje y crecimiento que debemos tener cuidado con la forma en que criamos, enseñamos, guiamos y disciplinamos amorosamente al niño, porque lo que hacemos en el presente como padres puede afectar al niño, todo depende del estilo de disciplina y crianza. De hecho, nuestra tarea principal como padres y cuidadores es amar al niño incondicionalmente, pase lo que pase. Las conexiones resultantes del amor incondicional y la disciplina saludable que se crearán en el cerebro del niño, sentarán las bases para futuros aprendizajes, interacciones, creencias y experiencias en su vida.

Las estructuras son muy importantes en la vida del niño. Él necesita algún tipo de orden en su día a día para funcionar y prosperar. El amor incondicional y las estructuras jugarán un papel muy importante en el desarrollo y crecimiento del pequeño, porque él o ella aprenderá de estas experiencias mientras usted le enseña, guía y disciplina. De hecho, cada nueva experiencia diseña el cerebro del niño a medida que se forman nuevas conexiones neuronales, lo que lo conecta para que funcione y piense de una manera más beneficiosa para su vida. Además, las experiencias repetitivas que el niño experimenta diariamente reforzarán estas nuevas conexiones neuronales que ayudan a moldearlo y convertirlo en un individuo autónomo y funcional. Por ejemplo, un padre necesita mostrarle repetidamente al niño cómo turnarse con otros niños cuando es participante en juegos de desarrollo apropiados para su edad. Es de esperar que esa lección sea recordada debido a la práctica repetitiva.

Desarrollo del cerebro infantil

La neurociencia cognitiva del desarrollo nos muestra cómo la mente afecta al cerebro y viceversa. Esto es aplicable al cerebro en desarrollo de un niño pequeño porque la forma en que él o ella piensa está directamente relacionada con la etapa de desarrollo del cerebro. Por ejemplo, un niño pequeño no comprende que el razonamiento incompleto da como resultado decisiones basadas en procesos de pensamiento distintos a los lógicos. Un ejemplo cotidiano sería que lo que se ve bien o sabe bien puede no ser bueno para que el niño lo ingiera, como un hot dog o papas fritas. Si un niño come una dieta poco saludable, basada en los alimentos antes mencionados, su cerebro no funcionará tan bien como lo haría con una dieta saludable, pues esto afecta el desarrollo y la salud del cerebro físico.

Durante los primeros años, el cerebro en desarrollo está muy activo aprendiendo todo lo que puede, desde la expresión de las emociones hasta los comportamientos socialmente aceptables. Además, diferentes partes del cerebro del niño son responsables de varios aspectos de la información de aprendizaje. Por ejemplo, el lóbulo frontal es capaz de resolver problemas apropiados para su edad y expresar el lenguaje, mientras que el lóbulo temporal es conocido por permitir el habla, las emociones y la memoria. Además, el lóbulo parietal se enfoca más en experiencias sensoriales como la sensación de cierto juguete en la mano. El lóbulo occipital es más visual, lo que ayuda al niño a reconocer formas, números y letras específicas, entre otras cosas. Finalmente, el cerebelo de un niño pequeño es básicamente la base de sus capacidades físicas, es decir, es la parte que le permite lanzar una pelota hacia su amigo.

Además, los niños pequeños, sin duda, aprenden a un ritmo mucho más rápido que los adultos, esto ocurre por el vertiginoso desarrollo de su cerebro en los primeros años. El abundante excedente de neuronas y sinapsis se forma extremadamente rápido en comparación con un cerebro adulto que ya ha experimentado una fijación funcional, lo que hace que las personas de cierta edad vean las cosas con una luz más realista. En contraste, el cerebro de un niño pequeño es más creativo en la forma en que ve las cosas, debido a la novedad de aprender algo nuevo todos los días. Parece que, mientras que el cerebro de un niño está conectado para aprender creativamente, el cerebro del adulto está conectado para actuar y ejecutar, en parte debido a su fijación funcional. Sin embargo, a veces los padres y los cuidadores deben recordar cómo era el mundo cuando eran niños, para comprender mejor a su propia descendencia, sobre todo cuando son tan jóvenes e impresionables.

Consejo rápido: Dado que un niño pequeño es más creativo en cuanto a cómo ve y aprende las cosas, debería mostrarle actividades creativas para estimular esa parte de la mente.

Los niños pequeños son seres humanos muy impresionables y sensibles que necesitan cuidado, disciplina y amor incondicional para convertirse en individuos que se autogobiernen y funcionen en sociedad algún día, con mentes, pensamientos y sentimientos propios. En resumen, el amor incondicional a través de un entorno hogareño receptivo puede acelerar el desarrollo del cerebro del niño.

Dado que el cerebro de un pequeño todavía no está completamente formado, pueden ocurrir berrinches y arrebatos emocionales debido a la falta de habilidades de autorregulación y porque la corteza prefrontal de un niño todavía se está desarrollando y hace que las emociones no estén reguladas. A esto aunamos la carencia de experiencia respecto a muchos aspectos de la vida, experiencia que los adultos sí poseen. En otras palabras, la construcción del cerebro depende de algo más que de la naturaleza. La crianza del niño, el ambiente familiar y sus experiencias también entran en juego para apoyar el desarrollo saludable del cerebro de un infante.

Las capacidades de manejo emocional de un niño de dos a tres años, dependen de la salud de sus sinapsis en el cerebro. La salud de las sinapsis de un niño mejorará con la participación de los padres en actividades y experiencias que fortalezcan el desarrollo saludable del cerebro. Así pues, el niño podrá regular sus emociones como resultado directo. El desarrollo saludable del cerebro es crucial en los primeros años porque se creará una corteza prefrontal más grande que controla las funciones ejecutivas como el autocontrol, la resolución de problemas e incluso la personalidad, lo que, con suerte, dará como resultado un adulto emocionalmente estable, consistente y coherente, un adulto muy lejano al hombre problemático del que se hablaba en la introducción.

Del mismo modo, la inteligencia emocional no debe subestimarse porque es la que nos permite empatizar con los demás, especialmente con nuestros niños en crecimiento.

En ese sentido, el entorno hogareño no debe ser estresante e indiferente, sino propicio y receptivo para que se produzca un desarrollo cerebral saludable; lo contrario no ayuda para nada al pequeño. En resumen, el amor incondicional durante los primeros años es imprescindible en el entorno familiar. Sin embargo, si el entorno principal en el que se encuentra está lleno de estrés negativo, el niño, como resultado, podría desarrollar un tronco cerebral más grande, que es el responsable de nuestra respuesta instintiva de huida, lucha o parálisis al enfrentarnos a algún problema. Esto podría hacer que el niño se acostumbre a manejar situaciones reaccionando exageradamente ante cualquier tipo de estrés, sobrecargando al estrés mismo. El entorno hogareño de un niño lo es todo, porque es donde el cerebro se hace sus conexiones y se programa para manejar las cosas más adelante, en su vida como adulto.

Consejo rápido: Aunque el entorno familiar de un niño es importante para el desarrollo de su cerebro, también es crucial exponerlo a varios entornos para garantizar que el desarrollo no se detenga por acostumbrarse a un solo entorno.

Formas de apoyar el desarrollo saludable del cerebro

El padre debe alimentar al niño con la dieta adecuada que ayude y promueva su formación y función cerebral. Por ejemplo, algunos alimentos que pueden ayudar al desarrollo saludable de las conexiones neuronales en el cerebro de un niño son: el pescado, la mantequilla de maní y frutos secos como las nueces, por nombrar algunos. Esto se debe a que se necesita un poco de grasa para construir la mielinización en el cerebro de un niño pequeño, que es un esfuerzo en el que las conexiones neuronales se envuelven en un material graso para ayudarlo a ser más rápido de manera más eficiente. En otras palabras, se necesita algo de grasa en la dieta del niño para estructurar y conectar el cerebro. Otros alimentos que también ayudan al desarrollo saludable del cerebro son, por supuesto, frutas, como bayas y naranjas; verduras, como las espinacas y el brócoli; y los granos integrales, como la avena y la pasta de trigo. El padre debe ser ejemplo de qué alimentos comer al comerlos él mismo primero, ya que los niños imitan lo que hace mamá, papá o el cuidador en turno, con respecto a una dieta saludable y completa.

Consejo rápido: Para ayudar al cerebro de su hijo a desarrollarse y crecer adecuadamente con una dieta saludable de frutas, verduras, carnes, lácteos y granos, puede intentar disfrazar verduras y otros alimentos saludables como comida rápida o como algo dulce si él o ella es quisquilloso. Por ejemplo, corte zanahorias pequeñas en forma de papas fritas o utilice un cortador de verduras para disfrazarlas como alguna pasta sabrosa.

Los padres y cuidadores también pueden ayudar al niño a desarrollar una función cerebral saludable al realizar actividades cognitivamente estimulantes que involucren las habilidades y destrezas del niño según su edad y etapa de desarrollo. Por ejemplo, las actividades sociales pueden mejorar el desarrollo y el crecimiento del cerebro a través de la mejora de las habilidades lingüísticas del niño cuando se encuentra en entornos sociales con sus compañeros. Un ejemplo de una actividad social podría ser llevar al niño a una cita de juegos para que él o ella pueda relacionarse con otros niños. Explico, cuando los padres u otros niños hablan con el pequeño, su centro de lenguaje en el cerebro aprende esa vocalización particular a través de la repetición. Una o dos palabras y sus sílabas son asimiladas y recogidas bastante rápido por el niño. Esto ocurre cuando los padres o los cuidadores del han modelado las palabras y el lenguaje mediante el habla y la conversación, lo que mejora la comunicación y las habilidades lingüísticas de su niño. Las conexiones sociales fomentan la comunicación y la conversación, sin importar la edad o la etapa de desarrollo.

Otra acción que los padres y cuidadores del niño pueden realizar para fomentar un desarrollo cerebral saludable es inscribirlo en una guardería, preescolar o algún otro entorno social. Esto puede ayudar al niño en muchas áreas, como el desarrollo social y cognitivo y la mejora de habilidades que resultan de ello. Por ejemplo, mi madre me mantuvo en casa cuando era un niño en lugar de ponerme en una guardería u otro entorno social con otros niños de mi edad y nivel de desarrollo. Como resultado, cuando llegué al primer año de jardín de infantes era tan tímido y tranquilo que tuve que repetirlo para ponerme al día con mis compañeros. Supongo que no estaba listo social o cognitivamente para aprender y funcionar con otros niños ese primer año. Aunque es una opción personal llevar al niño a la guardería u otro entorno social, es una elección que puede beneficiar mucho al infante.

Una opción adicional para fomentar el desarrollo saludable del cerebro es darle al niño oportunidades y espacio para correr, jugar y hacer ejercicio. Esto es vital porque un cuerpo sano da como resultado un cerebro sano y viceversa. Además, el ejercicio diario también puede ayudar a desarrollar las conexiones neuronales de tal manera que se formen hábitos y rutinas saludables para la vida a través de la actividad física repetitiva, ya sea correr o escalar en el parque o el gimnasio. Es importante comenzar cuando son jóvenes y están abiertos a sugerencias. Por ejemplo, cuando mi hijo era un niño pequeño, lo llevé a muchos parques locales con la esperanza de alentarlo a jugar y a mantenerse activo con otros niños de su edad. Todavía lo recuerdo corriendo por el parque mientras jugaba al escondite. Sin embargo, junto con el ejercicio del cuerpo también viene el del cerebro mismo.

Apoyar el desarrollo de una función cerebral saludable y, en general, de la mente del niño, se puede lograr con algunas actividades intelectuales estimulantes cognitivamente y apropiadas para su edad, como aprender el ABC y los números. Otra idea es hacer que su niño vuelva a armar el rompecabezas con grandes piezas coloridas que arrojó sobre la mesa de la cocina. Esta actividad se enfocará en que el niño reconozca las formas, mientras que otras actividades podrían enfocarse en que el niño reconozca los colores. El padre podría cantar junto con su pequeño una canción que haya escuchado en Plaza Sésamo, Dora la exploradora o algún otro programa de televisión apropiado para su edad. Otra forma de desarrollar la función cerebral y la mente de su niño es hacer que identifique sonidos como un maullido de gato o un bocinazo de automóvil. A mi hijo le gustaba hacer el ruido de un camión de bomberos y un coche patrulla cuando era niño y corría por la casa. ¡Las actividades intelectuales o cognitivas que puede realizar con su niño son infinitas y muy divertidas!

Hay muchas formas de apoyar un desarrollo cerebral saludable, las más relevantes son las siguientes:

- Una dieta saludable.

- Estimulación cognitiva.

- Entorno social.

- Ejercicio.

- Actividades intelectuales.

Desarrollo cerebral y memoria

Si el niño está experimentando un desarrollo cerebral saludable, entonces él o ella también experimentará una memoria explícita durante los primeros tres años de su vida. Esta memoria explícita es una combinación de memoria episódica y memoria semántica. La memoria episódica es el recuerdo de experiencias, mientras que la memoria semántica está ligada al lenguaje y los números. Esta combinación, que lleva a la memoria explícita de un niño pequeño, le permite recordar cosas como su fiesta de cumpleaños o cómo se ve la letra a.

Otros tipos de memoria que se desarrollan en el cerebro de un niño son:

- A corto plazo.

- De trabajo.

- A largo plazo.

- Autobiográfica.

La memoria a corto plazo de un niño pequeño aún no es muy funcional, dada la falta de desarrollo de la corteza prefrontal hasta aproximadamente los tres o cuatro años. El cerebro del niño no puede contener ni almacenar información por mucho tiempo. Esto afecta directamente la memoria de trabajo del niño porque, dado que él o ella no puede retener información de manera muy eficiente, el niño necesitará muchas repeticiones para aprender algo nuevo, por lo que la disciplina tendrá que intervenir. La práctica repetitiva de una lección de disciplina saludable a veces es necesaria para que un niño pequeño entienda el punto. Sea como fuere, cada niño o niña es diferente en términos de desarrollo y crecimiento del cerebro, diferencias que estriban tanto en el cuidado de su crianza como en la naturaleza. No puedo enfatizar lo suficiente la importancia del amor incondicional, independientemente del entorno en el que el niño esté viviendo.

En un pequeñito, la memoria a largo plazo está más ligada a su memoria autobiográfica porque los niños pequeños recuerdan con mayor fuerza las experiencias personales. Estas experiencias se obtienen mediante la memoria explícita, con la que el cerebro del niño hace una combinación de memoria episódica y semántica. Este tipo de memoria es absolutamente vital para un pequeño en crecimiento, porque le permite recordar eventos como aquellos en los que fue parte de la disciplina positiva, lugares como la casa de la abuela y personas como mamá y papá, quienes ayudan a definir su personalidad. El niño tiene un sentido más fuerte de sí mismo como resultado de esa memoria autobiográfica. Además, podría incluso sentirse más seguro, tener un sentido más fuerte de sí mismo y ser capaz de relacionarse con otros niños de su edad de manera más fácil y eficiente. En resumen, es bueno que el niño tenga tantos recuerdos como sea posible, porque lo ayuda a identificarse y a forjar su carácter.

Es por eso que un ambiente positivo, amoroso y receptivo hace una gran diferencia en cuanto al desarrollo de la mente de un niño pequeño. El desarrollo del cerebro llegará a buen término mucho más rápido y más fácilmente en un entorno en el que el niño sea amado de manera constante e incondicional, sin importar lo que pase. Este desarrollo cerebral progresivo, a través de la crianza y las experiencias, ayudará al niño en muchas áreas de su vida actual y en el futuro. Por ejemplo, algún día, como adulto autónomo, tendrá más probabilidades de conseguir una carrera satisfactoria con su cerebro y mente fuertes. Además, dado que la función de la mente y el cuerpo están conectadas, el niño también se beneficiará de un cerebro sano al tener un cuerpo saludable que lo respalde. Todo está interconectado y dicha combinación, algún día, producirá un adulto sano y estable que podrá pensar y actuar por sí mismo a través del autogobierno del cuerpo y la mente. De hecho, tienes que ser consciente en estos días, como padre o cuidador, de la enorme distracción electrónica que se encuentra en casi todos los aspectos de la vida, para fomentar la creación de un ser humano con una mente lo suficientemente fuerte como para pensar por sí mismo, sin la adición a los medios electrónicos.

Sin embargo, dispositivos electrónicos como tabletas y computadoras portátiles también pueden mejorar el cerebro del niño, dentro de lo razonable. Explico, está bien emplear estos dispositivos electrónicos como ayuda para enseñar, pero no como niñera para apaciguarlo. Además, apaciguar al niño con un teléfono celular realmente no lo ayuda a aprender, dado que a veces uno debe salir de su zona de confort para aprender algo nuevo. Es importante que los padres sean selectivos al presentar lo electrónico como material didáctico, porque mucho tiempo frente a la pantalla, sin importar su tamaño, no es bueno para una mente joven y en desarrollo. Esto puede provocar que el niño se ponga irritable y tenga dolores de cabeza, por nombrar algunas dolencias. Además, el niño con demasiado tiempo frente a la pantalla puede depender menos de sí mismo para pensar y aprender, debido al hecho de que la tecnología de estos días hace mucho del trabajo por nosotros.

Sin embargo, si el padre va a emplear lo electrónico como ayuda para la enseñanza, se recomienda invertir en Leapfrog. Estos dispositivos electrónicos son más amigables para los niños, además de ser apropiados para su edad. Están diseñados para ayudar al niño en el aprendizaje específico de la etapa de desarrollo. Los materiales didácticos Leapfrog son muy útiles porque se centran en las necesidades del niño y lo hacen de manera divertida.

Aprender acerca del desarrollo del cerebro de un niño, de lo que es capaz y de cómo esas capacidades pueden nutrirse a través del medio ambiente, la dieta y el ejercicio, es claramente algo muy valioso. El cerebro físico y su funcionamiento se ven directamente afectados por las actividades cotidianas, por lo que es vital asegurarse de que el niño tenga un ambiente saludable para prosperar. Asegurar el día de hoy una buena salud cerebral para su niño, promoverá una buena salud en todas las áreas de su vida.

Capítulo dos:

La importancia de la crianza positiva y la disciplina

L a crianza positiva y la disciplina son un cambio en el pensamiento sobre la crianza que se centra en lo que el niño puede hacer y aprender con sus habilidades y capacidades en cada etapa de su desarrollo, siempre teniendo en cuenta lo que el niño puede y no puede hacer a su edad. Este cambio de enfoque en cuanto a la crianza de los hijos y la disciplina, se debe en parte a las definiciones anteriores de crianza y disciplina, mismas que prestan más atención a corregir el comportamiento del niño que a mostrarle la forma correcta de hacer las cosas a través de una estructura positiva, buena orientación y amor incondicional. De hecho, la crianza positiva y el cuidado que se dé son las formas de reestructurar no solo el cerebro físico y la mente, sino también el estilo de vida de ambos padres y de los niños pequeños, mediante la adopción y el aprendizaje de nuevas técnicas para guiar al infante mientras se le da la estructura y el amor que él o ella necesita para prosperar.

Sin embargo, reestructurar nuestro estilo y hábitos de crianza, dada la forma en que fuimos criados por nuestros propios padres o cuidadores, puede ser todo un desafío. Ciertos hábitos de crianza se quedan tan arraigados que los hacemos mecánicamente, es decir, sin siquiera pensar en ellos. Un ejemplo se presenta cuando dejamos que el niño use su voz externa mientras está en la casa.

Hay muchos ejemplos de que nuestros padres fueron indulgentes, dóciles y permisivos con nosotros cuando éramos niños, pero si los padres son demasiado estrictos, si tienen una vida donde hay reglas para cualquier cosa, es posible que los niños no tengan suficiente margen para ser niños. Es fácil repetir el mismo estilo de crianza que nos dieron con nuestros niños pequeños. Eso se convierte en una segunda naturaleza después de años de condicionamiento. Aun así, claramente se necesita un esfuerzo consciente para no repetir la historia con nuestros propios hijos, mientras que también se requiere un intento consciente de aprender algo nuevo sobre la crianza positiva y la disciplina.

Consejo rápido: Está bien no estar de acuerdo con nuestros padres sobre la forma en que criamos a nuestros propios hijos. De hecho, a veces es necesario desarrollar nuevos hábitos para volverse un padre que inculca disciplina de manera positiva.

Su trabajo como padre y como cuidador es amar al niño pase lo que pase. Es importante ser lo más proactivo posible cuando se trata de la crianza positiva del pequeño, en lugar de reaccionar ante las diversas situaciones sin pensar ni considerar a la pequeña persona que necesita su guía y amor. La crianza positiva puede requerir cierto esfuerzo de su parte como padre y compañero, pero valdrá la pena cuando vea que el niño crece y aprende como ser un individuo hecho y derecho.

Es importante recordar que la crianza de los hijos solo puede realizarse en el entendido de que su trabajo principal como padre, antes que nada, es amar incondicionalmente a su hijo; el amor, la empatía y el corazón tienen que estar ahí. La disciplina sin amor es como unirse al ejército, en donde los sargentos de instrucción le gritan para que entienda. Sin embargo, mucho amor y ninguna disciplina hará que un niño haga lo que quiera sin temor a las consecuencias, lo que hará que el pequeño aprenda las reglas de la vida de la manera más difícil, afuera, en el mundo real, durante su vida. En resumen, actúe en nombre de su hijo, utilice las técnicas de disciplina aunadas a su amor incondicional ahora, en este momento, mientras su niño es pequeño y aún está abierta la ventana de oportunidad.

La crianza de los hijos puede ser un desafío, ya que requiere de la práctica repetitiva. Es un trabajo en el que usted y su hijo caminarán juntos, en donde aprenderá nuevos métodos y técnicas a medida que intenta repetidamente guiar al pequeño hacia una estructura correcta mediante su amor incondicional. Es esta estructura la que permitirá que su niño crezca y aprenda qué es lo apropiado y socialmente aceptable y qué no. De hecho, parecería que una crianza poco positiva transforma a los niños en personas que pueden causar problemas sociales, como la violencia doméstica. Lo último que cualquier padre quiere es saber que su hijo adulto ha cometido un delito por no haber podido disciplinarlo a tiempo. Esto es una parte de por qué la crianza positiva y la disciplina son tan valiosas.

Otra razón por la cual la crianza positiva es tan importante es porque produce personas más felices y productivas para la sociedad, personas que son más trabajadoras y que están dispuestas a dedicarse a algo que valga la pena, como volverse formadores de infantes o perseguir una carrera. Las personas felices son más activas, en parte porque gastan menos tiempo y energía preocupándose por cosas que están fuera de su control. Como resultado, las personas felices están más concentradas y son más enérgicas, porque tienen una mejor salud mental, emocional y física. Criar y disciplinar con positividad y amor, es algo que no tiene precio.

Este estilo de crianza fortalece el corazón de nuestra cultura: la unidad familiar. Cuando una familia emplea estas nuevas técnicas, una forma de vida positiva envuelve a dicha unidad familiar y a todos los que llegan a entrar en contacto con ellos durante su vida. Esto tiene el efecto de crear otras estructuras familiares positivas dentro de la sociedad, ya sea en el trabajo o en cualquier otro lugar. Claramente, la crianza positiva y la disciplina pueden aplicarse a más de una situación o unidad social. Parecería que este estilo de crianza y corrección en los pequeños puede llegar a reestructurar la sociedad hasta los niveles más altos.

Consejo rápido: Criar y disciplinar a varios niños requiere creatividad por parte de los padres porque cada niño es diferente emocional, mental y físicamente. Por ello, el niño puede requerir varios métodos de crianza positiva para adecuar la educación a su estilo de aprendizaje, temperamento y habilidad.

Disciplina, edades y etapas

La crianza positiva y la disciplina amorosa tienen que comenzar en alguna parte. La pregunta es a qué edad comenzamos a amar incondicionalmente y a disciplinar a nuestros hijos. Según la investigación actual, está bien comenzar la disciplina entre los cuatro y siete meses. A esta tierna edad, el bebé comienza a agarrar y tirar literalmente de todo lo que puede, porque es su instinto natural. Sin embargo, si su pequeño toma su collar y lo rompe accidentalmente, simplemente aléjese del bebé por un momento, en lugar de gritarle "no" o incluso darle una palmada. Puede llevar un tiempo, pero él o ella acabará entendiendo el mensaje sin necesidad de violencia.

Además, disciplinar a un hijo de siete a doce meses es un desafío muy grande porque el bebé entonces estará más activo y se meterá en casi todo lo que puede. Ahora sería un buen momento para guardar los objetos con los que puede lastimarse sin darse cuenta, objetos como lápices o incluso llaves mal puestas en el extremo de una mesa. Inclusive si el objeto no parece que sea peligroso si el bebé lo agarra, piense de nuevo. Todo es un juego para su pequeño porque está explorando el entorno con su nueva habilidad para gatear y moverse. Sea como fuere, la disciplina a esta edad se proporciona con un método bastante simple: distrae y redirige. Tan solo un cambio en su tono de voz conducirá al niño a donde se desea.

Sigamos adelante, el amor incondicional y la disciplina entre los doce y los dieciocho meses es más exigente, porque parece que no importa cuántas veces instruya paciente y amorosamente al niño para que no sea ruidoso con sus habilidades vocales, un infante en crecimiento simplemente parece no entender lo que se le está pidiendo. Esto se debe, en gran parte, a que los niños pequeños todavía no poseen autocontrol. Además, la memoria de trabajo de un niño aún no está del todo formada. Continúe instruyendo al pequeño con amor y paciencia de todos modos. Tal vez también deba intentar modelar el comportamiento que desea y, en un año más o menos, el niño ya debe haber absorbido todas esas lecciones repetitivas de disciplina.

La crianza positiva y la disciplina que se inculca entre los dieciocho y los veinticuatro meses, son las que intentan afianzar la autonomía del niño. Dado que el niño en crecimiento no siempre puede vocalizar sus fuertes sentimientos, es decir, no puede hacer uso del todo de esa autonomía, la frustración puede llevar a arrebatos y berrinches. En lugar de reaccionar ante el niño cuando él o ella llore, ayúdelo pacientemente a usar palabras. Quizá usted pueda vocalizar lo que el niño frustrado está tratando de expresar con sus propias palabras. Con este tipo de paternidad positiva le mostrará al niño que simpatiza con él o ella y, como resultado, se desarrollará un vínculo más fuerte entre ambos.

En esa nota, la crianza positiva desalienta las nalgadas porque con ellas le enseña al niño que las personas más grandes pueden golpear a las personas más pequeñas. Esto obviamente está mal porque es simplemente una manera que se acostumbra para que el niño escuche y se comporte a través del shock y el miedo. También envía mensajes contradictorios porque, aunque se supone que el padre ama al hijo incondicionalmente, golpear a otro también es todo lo contrario al amor. El amor incondicional no trata de manipular al niño a través del miedo.

En cambio, el amor incondicional, junto con la crianza positiva y la disciplina, buscan que el niño sea tratado como una persona por derecho propio, a través de la conocida regla de oro: "no hagas a los demás lo que no te gustaría que te hicieran a ti".

Como ya se discutió, la crianza de los hijos, claramente, necesita del amor incondicional y de la disciplina saludable. La disciplina saludable difiere mucho de la disciplina no saludable; la primera se enfoca en resultados positivos para el niño, mientras que la segunda produce resultados negativos para todos los involucrados. Además, quien ama incondicionalmente siempre busca lo mejor para el ser amado, sin importar la situación, y nunca buscaría lo contrario, aún si se trata de un padre muy rígido o sobreprotector. En resumen, la disciplina saludable es un ingrediente muy necesario para producir un individuo sano y bien adaptado que algún día pueda devolverle el favor, que no deje desamparado a su padre o madre cuando esté demasiado avanzado en años para cuidar de sí mismo. En este sentido, la crianza positiva con amor y disciplina es el pegamento que mantiene unida a la familia a través de las generaciones.

Consejos de disciplina para padres

En cualquier caso, para disciplinar a un niño de una manera saludable a veces debemos aislar la emoción del acto de disciplinar. De lo contrario, las emociones que sienten los padres podrían abrumar y llevar la disciplina a un nivel muy poco saludable, como el abuso. Esto es lo que el padre quiere evitar a toda costa porque el niño pagará el precio máximo cuando tenga problemas para separar las emociones y se arriesgue a repetir la historia al disciplinar a su propio hijo. En cambio, si el padre puede permanecer tranquilo mientras disciplina al niño de una manera saludable, el niño no solo se sentirá seguro, sino que también se sentirá seguro de que el padre todavía lo ama incondicionalmente, sin importar qué.

Lo que el padre también quiere hacer para disciplinar a su hijo de una manera saludable es pensar versus pelear. Esto significa que usted considera de manera proactiva opciones y elecciones de disciplina saludables en lugar de pelear o discutir de manera reactiva entre sí. Además, pelear y discutir usualmente no lleva a ninguna parte. En el mismo tenor, el niño reflejará su comportamiento y lo imitará cuando se encuentre en una situación similar, o cuando menos lo espere. Por lo tanto, es muy importante emplear su mente durante los momentos saludables de disciplina, porque esto conducirá a un resultado más positivo y óptimo para el niño, como sería, eventualmente, aprender a resolver ese problema por sí mismo.

Consejo rápido: Para pensar versus pelear con su niño, intente usar un truco rápido de memoria, como un dispositivo mnemotécnico, un poema o una frase corta para evitar pelear con el niño. Los trucos de memoria le ayudarán a manejar mejor las cosas porque serás más capaz de pensar bajo estrés.

La disciplina saludable también incluye consecuencias para las acciones y empatía. La empatía para entender por lo que está pasando su hijo, dadas las consecuencias cuya ejecución recae en usted. Con empatía puede mostrar que se preocupa por el niño, que le importa el bienestar del pequeño. Sin embargo, preocuparse también requiere que el padre o el cuidador imponga las consecuencias. De lo contrario, el niño podría pensar que puede hacer lo que quiera sin experimentar consecuencias de primera mano. Esto lo haría un niño muy presuntuoso y un ser humano sin límites. Claramente, la disciplina saludable y la paternidad positiva incluyen establecer límites sobre lo que su niño puede y no puede hacer, a través de comportamientos socialmente aceptables.

Otra táctica para recordar, a fin de disciplinar a su niño de una manera saludable, es la del control versus la madurez. Esto es más fácil decirlo que hacerlo, sobre todo con los niños pequeños, porque a veces están fuera de control, con arrebatos emocionales de vez en cuando. Sin embargo, entre más pueda demostrar cierta madurez para su edad y nivel de desarrollo, más control tendrá el niño al realizar la toma de decisiones, en contraposición con el niño fuera de control al que los padres le eligen todo. De cualquier manera, es importante tener en cuenta qué tan maduro puede estar el desarrollo individual de un niño pequeño. En otras palabras, una disciplina saludable comienza con el conocimiento aproximado del nivel de madurez del niño, para conocer, por ejemplo, el desarrollo de su cerebro.

La disciplina saludable se enfoca en la capacidad al enfrentarse a la toma de decisiones y la responsabilidad ante dichas elecciones. Si le da a su hijo opciones derivadas de las estrategias de disciplina saludables, él o ella tendrá que sufrir las consecuencias de esas opciones, ya sean buenas o malas. Con suerte, el niño podrá elegir mejor la próxima vez que se le presente la oportunidad de decidir qué camino tomar. Esto le enseñará la responsabilidad de sus acciones de una manera positiva y saludable. Además, queda completamente contrapuesto ante lo que ocurre con aquellos niños a los que obligan a comportarse de tal o cual manera mediante la manipulación y el control.

Existen muchos consejos de disciplina, pero los más valiosos para una crianza positiva y una disciplina saludable son:

- Aislar la emoción del acto de disciplina.

- Pensar versus pelear.

- Demostrar las consecuencias sin dejar de lado la empatía.

- Control de equilibrio con madurez

- Enseñar que cada elección tiene consecuencias.

Claramente, la crianza positiva y una disciplina saludable buscan mostrar al niño que lo ama a través de sus acciones positivas. Su tarea principal como padre es amar al niño sin importar lo que ocurra. Por eso es tan importante emplear el amor incondicional, aunado a la disciplina saludable, en el marco de una estructura clara y coherente para la edad y el nivel de desarrollo del niño. Eso muestra al niño que a usted le importa. Sin embargo, también es importante tener en cuenta que no todos los niños desarrollan las mismas habilidades con la misma tasa de crecimiento. Cada niño es un individuo único, con sus propios rasgos y características.

El trabajo de un niño pequeño es divertirse y aprender tanto como pueda sobre él y el mundo que lo rodea, dependiendo siempre de su edad y desarrollo. El aprendizaje está relacionado con la palabra disciplina porque implica la adquisición de nueva información en sí misma. En otras palabras, incluso la palabra disciplina implica una experiencia y proceso de aprendizaje positivo, en lugar de las connotaciones negativas que a menudo se asocian con ella. Por ejemplo, el aprendizaje de un medio de arte puede describirse como una disciplina. La disciplina inculcada al niño con amor es, definitivamente, un proceso de aprendizaje para su pequeño y, a veces, incluso para los padres.

Dicho esto, una disciplina saludable que se enseña con amor, tiene que ver más con el niño que con los padres. Esto se debe a que el amor y la disciplina que muestra y demuestra a su hijo pequeño, sirven para beneficiar al niño y a su vida en el momento presente y cuando en el futuro se convierta en adulto. Claro, sería fácil disciplinar a su pequeño para obtener el beneficio del control y la tranquilidad, pero tal vez esa no sea la mejor opción. La disciplina con amor debe centrarse en el niño mismo y no en el padre. Después de todo, el amor de su pequeño es lo que le impulsó a invertir en él al investigar este libro.

La crianza positiva mediante la disciplina saludable que se lleva a cabo con amor, es una opción positiva para guiar y estructurar la vida de su hijo de una manera beneficiosa y constructiva. Del mismo modo, cuando discipline a su niño pequeño, es importante darle opciones que algún día lo conviertan en un individuo estable y bien adaptado en la sociedad. Dos opciones son suficientes para darle a su niño cuando lo discipline de una manera saludable, porque convence al niño de que él o ella tiene control sobre su propia vida y sus elecciones. Además, demasiadas opciones pueden ser abrumadoras para su pequeño.

Las opciones que le dé a su hijo deben reflejar la tarea que le asigna. Por ejemplo, desea que su niño pequeño lo ayude a recoger sus juguetes al final del día. Le da a su niño dos opciones con esta tarea: ya sea recogerlos o no recogerlos. Además, el padre debe estar de acuerdo con ambas opciones porque, de cualquier manera, el niño aprenderá algo. Si su niño elige recoger los juguetes él mismo, aprenderá a ser responsable de sus acciones, en este caso aprenderá que eso es una consecuencia de sacar todos los juguetes de su caja. Si su hijo decide no recogerlos, entonces él o ella aún aprenderá que hay consecuencias por sus elecciones, por ejemplo, puede que esa noche no tenga postre después de la cena. De cualquier manera, su pequeño eventualmente comprenderá que la mejor opción implica que mamá o papá no tienen que hacerse cargo de él.

Es importante que los padres sientan que también tienen opciones cuando se trata de la disciplina amorosa de sus hijos. Las elecciones en sí pueden ser positivas o negativas. Las opciones positivas, como reforzar el comportamiento del niño pequeño, y las opciones negativas, como demeritar el comportamiento del niño, le envían un mensaje al pequeño. Las elecciones son clave para una crianza positiva y para amar incondicionalmente al niño, pase lo que pase.

Refuerzo, castigo y costo de respuesta

Una elección positiva que los padres pueden hacer es dar al comportamiento del niño un refuerzo positivo. Explico, el refuerzo positivo agrega algo valioso que el niño quiere para aumentar sus ganas de comportarse correctamente y obtenerlo. Por ejemplo, si su niño se come los vegetales, entonces podrá jugar más tiempo con sus amigos. En resumen, el refuerzo positivo, básicamente, agrega algo que el niño quiere para fortalecer su comportamiento inicial.

Por otro lado, el refuerzo negativo resta algo que el niño no quiere para reforzar su comportamiento. Por ejemplo, si el niño se cepilla los dientes sin que se lo indiquen, tal vez no necesite realizar una de sus tareas del día. Esto hará que el niño esté más dispuesto a cuidar su higiene dental. El refuerzo es clave para lograr que el niño cumpla con lo que le pide. Fortalece el comportamiento del niño e incluso el vínculo entre padre e hijo. Esto sucede porque el niño y el cuidador se acercan a través de sus experiencias compartidas de crianza positiva y disciplina con amor.

Sin embargo, el castigo es un tema más difícil de abordar debido a la connotación negativa que tiene, ganada porque antiguamente se utilizaba al hablar, sobre todo, de castigo corporal. Dicho castigo no se recomienda en la crianza positiva porque a menudo el padre pierde el control cuando azota al niño con ira. En cambio, el castigo saludable resta algo que el niño preferiría tener, como pasar el tiempo frente a la televisión, con la tableta o ir al parque a jugar con sus amigos. Quitar algo que el niño quiere disminuirá su comportamiento negativo con el afán de volver a obtenerlo.

Por ejemplo, si al niño le encanta ir al parque, pero no cumple con su solicitud de ponerse el abrigo, entonces el niño no va al parque.

El castigo también puede ser positivo porque agrega algo que el niño no quiere para disminuir el comportamiento negativo, una especie de penalización de algún tipo. Por ejemplo, el niño pequeño toma un juguete de su amigo en su cita de juegos. Para castigarlo, el padre podría darle al niño tiempo libre para sentarse tranquilamente con mamá o papá en lugar de dejar que salga a jugar con sus amigos. El castigo positivo también podría incluir darle al niño una explicación severa de por qué le quitaron su juguete favorito por golpear a su amigo. Este castigo funciona como un impedimento a la hora de portarse mal, pues el niño recordará que no es tan buena idea.

Además, el mal comportamiento puede ser desalentado a través de otro mecanismo. El costo de respuesta incorpora un reforzador para aumentar el comportamiento que se desea y un castigo para disminuir el que no. Por ejemplo, supongamos que necesita ir a la tienda para hacer la compra de comestibles durante la semana y el niño no quiere ir. El padre podría darle al pequeño una bolsa con algo de dinero para comprar un juguete o una golosina de algún tipo. Este es el reforzador. Si el niño se porta mal en la tienda de comestibles, mamá o papá podrían quitarle algunos de esos billetes de un dólar, disminuyendo así la probabilidad del niño de comprar un juguete pequeño o un dulce. Este es el castigo por portarse mal. Por lo tanto, el costo que paga el niño está directamente relacionado con su respuesta a la tarea en cuestión. Por último, permite que el niño obtenga el juguete o un dulce o que lo guarde para la próxima vez si no queda suficiente dinero; una vez más, esto reforzará su comprensión de las consecuencias y también le hará responsable de sus decisiones, además puede ser una buena idea para inculcarle el hábito del ahorro para conseguir lo que desee.

Hay muchas formas de enseñar a un niño para que se comporte adecuadamente. Algunos de esos métodos de disciplina incluyen:

- Refuerzo positivo.

- Refuerzo negativo.

- Castigo negativo.

- Castigo positivo.

- Costo de respuesta.

El mal comportamiento es una ocurrencia común para los niños pequeños porque, a una edad tan joven e impresionable, todavía están aprendiendo a comportarse. Además, la memoria de trabajo de un niño pequeño no es lo mismo que la memoria de trabajo de un adulto, por lo que los niños pequeños necesitan de la repetición para comprender qué es lo que están tratando de transmitirles. Un niño pequeño podría comportarse de acuerdo con lo que observa que la gente cercana está proyectando. Por ejemplo, si usted parece molesto por su lenguaje corporal y sus palabras, el niño pequeño podría estar más inclinado a actuar irascible o hacerse el chistoso como respuesta. Sin embargo, si el padre proyecta una apariencia genial, serena, el niño podría comportarse bien porque él o ella reconocerá que no se está contactando con sus payasadas. Una mente y un cuerpo tranquilos son esenciales si quiere criar y disciplinar positivamente a su hijo, con ayuda del siempre presente amor incondicional.

Otro consejo útil para ser un padre positivo y disciplinar amorosamente a su hijo de una manera saludable, es aplicar la consecuencia de manera positiva. Esto significa no darle al niño un ultimátum que suene duro y definitivo, sino explicarle cuál será el resultado de tal o cual acto. Enmarca la consecuencia de tal manera que no parezca algo negativo. Esto es muy importante porque el niño no sentirá que está siendo castigado, aunque recibirá el mismo aprendizaje. Es, en cierto sentido, como la psicología inversa.

Hablando de psicología, una clave útil es recordar el vector de positividad. Se trata de mirar más hacia el lado positivo de las cosas. Le ayuda a criar y disciplinar positivamente a su hijo porque se enfoca en crear felicidad a través de la comparación de lo que es y lo que podría ser. Se ve a las cosas a través de una luz más creativa. Por ejemplo, al evaluar la crianza de sus hijos de una manera puramente lateral y simplemente ver las cosas como son desde su perspectiva, puede que todo parezca menos óptimo, hasta que compare su situación de crianza con otra situación de crianza que sea peor. Entonces empieza a sentirse mejor. En el otro extremo del espectro, cuando compara su situación con algo mejor, comienza a sentirse menos positivo.

Sin embargo, cuando considera lo que debe ser, qué resultados positivos podrían ocurrir, está utilizando su imaginación de manera creativa para mejorar la situación al considerar las opciones más felices y saludables que conducen a mejores resultados en el futuro. Por ejemplo, cuando ve que su hijo se porta mal, puede imaginar lo que podría ocurrir si aplicara las acciones de este libro. Entonces se siente mejor, con emociones positivas como la esperanza hacia el futuro. Por otro lado, si su hijo ya se está portando bien e imagina el peor de los casos, es probable que se sienta menos positivo. Claramente, cuando los padres aplican creativamente su imaginación a cada situación, están creando una experiencia agradable y un resultado, a futuro, más positivo para ellos y sus hijos. ¡La positividad en la crianza lo es todo!

Capítulo tres:

Cómo establecer límites sin dañar a mis hijos y por qué los niños pequeños necesitan límites

stablecer límites con nuestros hijos nunca es fácil. Esto se debe a que, a veces, las emociones pueden nublar nuestro juicio, especialmente cuando estamos disciplinando a nuestros pequeños. A menudo podemos enojarnos o perder nuestra paciencia y nuestro buen genio cuando tratamos de manejar el mal comportamiento. Aquí es cuando debemos dar un paso atrás e intentar reevaluar objetivamente la situación porque, especialmente en el calor del momento, una mamá o un papá deben crear una estrategia para disciplinar con amor y establecer límites con su hijo de una manera amorosa, sin comprometer el bienestar del niño o su sentido de sí mismo. Esta es una tarea difícil incluso con los padres y tutores más experimentados porque cada niño es diferente cuando se trata de establecer y hacer cumplir los límites. Además, justo cuando crees que tu niño se está portando bien, su curiosidad reinventa las reglas del juego una vez más. Cuando esto sucede es hora de intentar un nuevo enfoque con creatividad y amor. Después de todo, hay más de una forma de comunicarse con su pequeño.

Cómo establecer límites

También es importante enfocarse más en lo que puede controlar como padre al establecer y aplicar límites, en comparación con lo que no puede controlar, como el estallido emocional o las reacciones del niño ante los límites establecidos por mamá o papá. Las reacciones no siempre son resultado de los límites en sí mismos, sino, por ejemplo, a la forma en que mamá o papá imponen esos límites. En otras palabras, el enfoque lo es todo cuando se trata de establecer y aplicar límites de una manera amorosa con su pequeño. Si grita enojado, con frustración, cuando impone límites a su niño pequeño, por supuesto que él o ella va a reaccionar a ello. Sin embargo, si mamá o papá pueden mantenerse tranquilos, frescos y serenos, tal vez el niño también se mantenga igual, pues reflejará la emoción que observa en sus padres o tutores. Como resultado, el niño tendrá más probabilidades de aceptar las peticiones de mamá o papá de comportarse bien. En esa nota, es importante ser amable con su niño cuando establezca y aplique límites. Solo imagine cómo se sentiría si alguien le gritara que hiciera algo. ¿Cómo reaccionaría ante eso? En resumen, trate de ponerse en la misma situación que su niño pequeño, y será menos propenso a reaccionar, lo que probablemente lo haga actuar de mejor manera cuando se trate de establecer y hacer cumplir los límites.

Establecer límites también requiere que sea claro y específico con sus solicitudes, en lugar de ser vago y ambiguo con lo que le pide a su hijo. Por ejemplo, en vez de pedirle a su hijo, de buena manera, que sea amable con su hermanito o hermanita, tal vez deba ser más específico y deba pedirle que la o lo abrace. Esta solicitud es clara y está mucho más definida que el adjetivo "amable". Además, tal vez el niño no tiene mucha experiencia en el lenguaje para comprender lo que realmente significa la palabra "amable", porque es menos sencillo que una simple orden dada. Es importante hablar con su niño pequeño a su nivel, es decir, en un idioma que pueda entender. Además, los niños pequeños necesitan más tiempo y experiencia para comprender las complejidades del lenguaje. Sin embargo, lo que los niños pequeños entienden, generalmente es aquello a lo que les guían sus primeros tutores, una guía amorosa alrededor del misterio del lenguaje que empieza a rebelarse ante ellos.

Consejo rápido: Para convencer a un niño de que incorpore nuevos límites y reglas, sea un ejemplo coherente de cómo quiere que se comporte y actúe. Los niños a menudo buscan ayuda y orientación de sus padres, además de que tienden a imitarlos.

La consistencia también es clave cuando está poniendo límites a un niño pequeño. Si establece un límite claro y él o ella no escucha en la primera oportunidad que se le da para cumplirlo, el padre debe seguir, de manera consistente y reiterada, imponiendo las consecuencias que predeterminó. Esto se debe a que, de lo contrario, el niño no tomará a mamá o papá lo suficientemente en serio como para cumplir con lo que se le pide. Esto seguramente le causará problemas al niño cuando se convierta en adulto. Por otro lado, cuanto más consistente sea el padre en hacer cumplir las normas y sus consecuencias, más probable es que el niño escuche a mamá o papá con más atención, a fin de evadir las consecuencias negativas. Lo último que un padre debe desear es que su hijo pequeño no lo tome en cuenta y haga lo que el niño quiera de todos modos, todo porque se siguen patrones y quizá su padre o su madre no fueron consistentes en el cumplimiento de las consecuencias, por lo que usted tampoco lo es con su hijo.

Sin embargo, establecer límites con los niños pequeños puede ser bastante fácil cuando mamá o papá siguen algunas sugerencias simples. Por ejemplo, los padres podrían frenar el mal comportamiento de su hijo antes de que comience. Esto significa que se deben poner las cosas peligrosas fuera del alcance del niño antes de que ellos puedan obtenerlo. Por ejemplo, si mamá o papá tienen el control remoto en algún lugar del sofá, quizá puedan ponerlo en un lugar más alto, como la mesa de la cocina, para que el niño no pueda cambiar el canal que está viendo o meterse el control en la boca. Claro, sería prudente proteger el entorno del hogar para cuidar de sus niños pequeños, porque entonces mamá o papá tendrían menos razones para disciplinar al pequeño.

Distraer al niño también funciona cuando se trata de redirigir su comportamiento. Por ejemplo, el padre o el tutor podrían invitar al niño a jugar con su muñeco favorito, especialmente porque el niño está golpeando ruidosamente los recipientes que encontró en el armario. Si desea que su hijo cambie de camino en sus comportamientos o actividades actuales, entonces desvíe la atención del pequeño con otra actividad u objeto. Esto funciona porque el niño tiene un período de atención corto de todos modos, y él o ella generalmente no recordarán lo que estaban haciendo antes de distraerlos con otra cosa.

Como seguro ya imaginas o sabes de primera mano, establecer límites puede ser un desafío cuando el niño está exhausto, así que controla el tiempo que duerme a diario. Los niños pequeños necesitan dormir más que los adultos, de dos a cuatro horas más por noche. Además, los pequeños también deben tomar siestas durante el día. Todavía recuerdo cuando mi madre, que dirigía una guardería en casa, hizo que todos los niños se acostaran para dormir un poco después del almuerzo. Toda la importancia que se le da a la rutina diaria, como el horario de sueño de un niño pequeño, se vincula con el establecimiento de límites. Esto se debe a que, si su pequeño está cansado de todos modos, será más probable que se comporte mal y haga berrinche cuando mamá o papá le pidan algo. Además, el sueño es vital para el comportamiento y el estado de ánimo del niño. Incluso los adultos se ponen de mal humor y se portan mal por la falta de sueño.

Ignorar a su hijo cuando se porta mal, también puede ser una estrategia sabia porque, para empezar, si no recibe atención de usted, es menos probable que actúe mal. Lograr que mamá o papá reaccionen no tiene precio para el niño, así que, si mira para otro lado, él estará menos inclinado a comportarse mal y actuar bruscamente. Trate de no mirar al niño porque en el segundo en que le preste atención a su comportamiento, reforzará lo que el niño está haciendo. Sé que esta técnica puede sonar fría, pero le aseguro que, en el futuro, cuando el niño sea un adulto, será menos probable que se comporte mal, porque cuando era un niño pequeño no recibió la atención equivocada.

Es necesario establecer límites con el niño para que algún día se convierta en un adulto sano, estable y autónomo. Sin embargo, será menos probable que esto suceda si el niño no tiene consecuencias por su mal comportamiento. El tutor debe comenzar implementando una regla general para el pequeño, como recoger sus juguetes antes de salir a jugar con sus amigos. Si el niño no cumple con la regla establecida por mamá o papá, es cuando deben advertirle que habrá consecuencias, enseñándole que toda acción provoca una reacción. Si el niño todavía no escucha, haga cumplir inmediatamente la consecuencia. No lo dude, el padre debe ser inquebrantable al establecer las reglas y lo que ocurre al no cumplirlas. Si el niño siente sus dudas, incluso por un segundo, podría aprovecharse de la situación de alguna manera e incluso intensificar su comportamiento.

Otra técnica que la madre o el padre pueden probar para establecer y hacer cumplir los límites con su hijo pequeño, es probar los tiempos de espera, modificados según la edad y el nivel de desarrollo del niño, y el mal comportamiento en sí. Por ejemplo, si su niño pequeño jala cabello cuando lo sostiene en su regazo, quizás baje al niño por unos minutos y exclame "no" en un tono firme. El niño eventualmente recibirá el mensaje, gracias a la práctica repetitiva. Puede pasar algo de tiempo antes de que el niño asocie ese tiempo de espera con el mal comportamiento pero, eventualmente, recibirá el mensaje alto y claro.

Establecer y hacer cumplir límites también se puede lograr haciendo algo más que exclamar la palabra "no" a su pequeño todo el tiempo, aunque esto es más fácil para muchos padres. Por ejemplo, en lugar de simplemente reaccionar con la vocalización de la palabra "no" cuando el niño se porta mal o actúa fuera de turno, quizá debería sugerir una alternativa a lo que él o ella quiere hacer. Si el niño insiste en trepar a los muebles de la casa, quizá le dé la alternativa de ir al parque para trepar por los juegos. Esto mitigará la situación tanto para el niño como para el padre. También es importante que no se utilice en exceso la palabra "no", porque el niño podría no tomarla en serio cuando la escuche en una emergencia.

Consejo rápido: Para implementar límites saludables para el niño pequeño, tal vez debería hacer que un niño mayor, cercano a la edad del pequeño, le muestre su comportamiento y le explique por qué es necesario hacerlo de esa manera, claro, en un idioma que el niño entienda. Esto ayudará a que el pequeño acepte el nuevo límite de forma más sencilla, dado que viene de un compañero y no de una figura de autoridad.

Claramente, hay muchas formas de establecer límites con los niños pequeños, pero algunas de las más importantes son:

- Céntrese en lo que puedes controlar.

- Sea claro y específico.

- Sea consistente.

- Detenga el mal comportamiento antes de que comience.

- Distraiga para cambiar las acciones.

- Monitoree el sueño del infante.

- Preste menos atención al mal comportamiento del niño.

- Haga cumplir las consecuencias.

- Pruebe modificar los tiempos de espera.

- No use la palabra "no" todo el tiempo.

Los niños pequeños necesitan límites porque les ayuda a crear fronteras saludables para mantenerse a salvo. Estas fronteras saludables ayudan a definir lo que el niño puede y no puede hacer mediante la implementación repetida de límites y consecuencias. Además, los límites apropiados ayudan al niño a comprender lo que se espera de su comportamiento en su edad y nivel de desarrollo específicos. Los niños pequeños también aprenden lo que es socialmente aceptable por las reglas que implementa su tutor, creando así límites saludables con la práctica y el tiempo. Del mismo modo, los límites pueden ayudar a los adultos a discernir lo correcto de lo incorrecto.

Sin embargo, los niños pequeños quieren ser independientes porque es importante para ellos tomar sus propias decisiones cuando pueden, esto los ayuda a sentir que tienen su propia voluntad como un individuo por sus propios méritos. Los pequeños trabajan constantemente en la autonomía personal a medida que exploran y, a veces, prueban esos límites y fronteras que hemos establecido para mantenerlos sanos y salvos. Sin embargo, cuando los niños prueban los límites, nosotros como padres y tutores debemos tomar decisiones por ellos. Por ejemplo, cuando el niño lanza un ataque de gritos porque no quiere hacer algo que le ha pedido, debe intervenir el adulto y hacer una elección, porque el niño no tiene el suficiente desarrollo para hacerla solo, por ejemplo, un niño de dos años que todavía está aprendiendo y madurando.

Cuándo elegir por el niño

En otras palabras, los niños de dos a tres años a veces necesitan la ayuda de mamá o papá para decidir qué es lo mejor para ellos, qué es lo mejor para que se conviertan en pequeños individuos coherentes y estables, porque los niños pequeños cambian constantemente, de un minuto a otro, como parte de su desarrollo. Los niños ya están pasando por muchas cosas y esperar que escuchen y se ajusten todo el tiempo no es realista. Esto se debe, en parte, a que, además de crecer todo el tiempo, ellos también están aprendiendo constantemente, por lo que no es de extrañar que puedan frustrarse fácilmente y tener un ataque o un arrebato emocional. El padre, en este punto, debe anular compasiva pero intencionalmente la elección del niño.

Una instancia en la que un padre debe anular el comportamiento de su hijo es cuando el niño se golpea o lesiona a sí mismo y a otros. Esto es obvio porque cuando un niño golpea a otro, o a un adulto, generalmente es una señal de que está abrumado y necesita ayuda de algún tipo por parte de mamá, papá o el tutor. Tal vez incluso pueda ofrecer al niño algo para golpear o patear con seguridad, como una almohada; de esa manera, el niño tiene una forma de expresar esos sentimientos de una manera saludable, sin lastimar a otros ni a sí mismo. Independientemente de lo que haga como padre, es primordial reconocer también las emociones del niño, sin importar cuán exageradas o ridículas puedan parecerle.

Otro ejemplo de cuándo un padre debe anular las elecciones de su hijo pequeño es cuando está haciendo un berrinche. Esto es necesario para evitar que el niño se lastime inadvertidamente a sí mismo o a otros durante la explosión de sentimientos. Una técnica es colocar al niño sobre algo suave, como un sofá, porque con suerte evitará que el niño se lastime durante el episodio emocional. Tal vez incluso ponga algunas mantas en el piso y deje que el niño lo toque. Mientras el niño esté a salvo, permítale expresar las emociones fuertes.

Consejo rápido: Para hacer que un niño termine su ataque emocional, quizá debería tomarlo y pretender que lo va a arrojar. El niño se detendrá de inmediato por la sorpresa. Suena ridículo, pero funciona. En ese momento puede intentar la técnica de distraer con algo más.

Anular la elección del pequeño sobre quitarle repetidamente los juguetes a otros niños, requiere una intervención por parte de los padres para detener el mal comportamiento. Este mal comportamiento a menudo ocurre porque el niño, inconscientemente, le pide ayuda a su tutor para establecer sus propios límites con otros niños. Dado que un niño de dos a tres años de edad generalmente no sabe cómo establecer límites adecuados con sus compañeros, ese debe ser el momento en que intervienen los adultos. El padre o tutor del podría mostrar cuál debe ser el comportamiento, por ejemplo, que quiere ver al niño compartir el juguete con sus amigos.

Hay muchos casos en que mamá o papá deben intervenir en nombre del niño, pero, como se explicó anteriormente, algunos de los más comunes son:

- Cuando el niño golpea.
- Cuando el niño hace berrinche.

- Cuando el niño quita los juguetes a otros niños.

Puede ser un desafío para los padres manejar el frágil equilibrio entre los límites y la libertad de su niño pequeño porque, por un lado, desea mantenerlo a salvo y, al mismo tiempo, permitir que explore el mundo que lo rodea. Esta libertad no tiene precio para su hijo, pero su hijo no tiene precio para usted. Por lo tanto, es importante contrarrestar el valor inconmensurable del pequeño con el valor de la curiosidad del niño por aprender sobre lo que lo rodea. Debe ser selectivo cuando elige intervenir, porque lo último que quiere hacer es comprometer el bienestar y la felicidad de su hijo.

El bienestar y la felicidad de su hijo, tanto en este momento como cuando se convierta en un adulto, depende de los padres al establecer y hacer cumplir límites razonables y saludables. De lo contrario, el padre o tutor podría arriesgar el bienestar y la salud del niño, además de comprometer su futuro, porque podría no comprender la relación de causa y efecto de las elecciones que conducen a las consecuencias y de las consecuencias que conducen a mejores opciones. Esta relación afecta todo en la vida del infante, desde cómo piensa ahora hasta cómo vivirá como adulto. Por lo tanto, no aleje a su hijo de una oportunidad de aprendizaje que beneficiará positivamente y de muchas maneras su vida, por ejemplo, que al convertirse en un adulto sea capaz de entender y responder a las consecuencias de sus acciones. Puede ser tentador ser permisivo para no ver a su hijo molesto como resultado de las consecuencias forzadas, pero recuerde que las emociones son temporales, mientras que las lecciones aprendidas duran toda la vida.

Un niño en crecimiento se convierte en un adulto autónomo que funciona de manera óptima en la sociedad, porque ha aprendido a internalizar y comprender la necesidad de los límites. Sin ellos, las personas simplemente harían lo que quisieran cuando lo quisieran, sin tener en cuenta cómo pueden afectar a otras personas y a sus propias vidas. Como resultado, la sociedad sería caótica. Los miembros funcionales de la sociedad entienden que los límites nos mantienen seguros, pues definen lo que es socialmente aceptable. Por ejemplo, es aceptable y posible interactuar con las personas, al mismo tiempo que respeta su espacio y sus límites personales.

Explico, los límites y fronteras enseñan a los niños lo que pueden hacer, o no, con respecto a sus acciones y comportamiento, que también da forma a sus pensamientos. En otras palabras, cuando ese niño sea adulto, tendrá patrones de pensamiento directamente vinculados no solo a los límites enseñados, sino también a las emociones vinculadas a cómo se le enseñaron esos límites. Por lo tanto, si los padres o tutores emplean cuidadosamente la crianza positiva y una disciplina saludable en el momento oportuno, el niño se beneficiará ahora y también más adelante en su vida. Esto se debe a que, como adulto, no solo podrá distinguir lo correcto de lo incorrecto debido a la causa y el efecto, sino que también tendrá una gran capacidad para discernir lo correcto de lo incorrecto en su propia vida.

Capítulo cuatro:

Comunicación positiva con su hijo

Es importante que primero dejemos en claro qué es la comunicación. Ésta se define libremente como el intercambio o transmisión de información. Dicho intercambio de información permite a los seres humanos actuar y reaccionar entre ellos y el mundo que los rodea, de tal manera que las personas puedan discernir e interpretar el mensaje recibido. Es este mensaje el que determina la próxima respuesta y, por tanto, el próximo mensaje. De hecho, la comunicación es casi como un ciclo de retroalimentación con entradas, salidas, acciones y reacciones.

Una parte crucial en la crianza de los hijos es la comunicación positiva, porque comunicarse de esa manera prepara el escenario para que se siga ese rumbo entre los compañeros, familiares y amigos. Además, la forma en que los padres, otras figuras adultas e incluso los compañeros en la vida del niño se comunican a través de palabras y lenguaje corporal, hace la diferencia, porque el niño todavía está aprendiendo sobre el mundo y sobre otras personas a través de la comunicación. Si las personas se comunican con el niño de una manera feliz y optimista, el pequeño puede pensar que el mundo es un lugar feliz y optimista. Pero si los compañeros del niño se comunican con él de una manera impaciente y con enojo, el niño podría pensar que el mundo es un lugar impaciente e irascible. Sin embargo, la comunicación positiva con el niño tendrá un efecto beneficioso en todo y en todos dentro del mundo del niño, e incluso dentro de su mundo cuando se convierta en un adulto.

La comunicación positiva con el niño debe comenzar primero con el padre o tutor, desde cómo él o ella enmarca sus palabras, hasta el tono de la voz del padre e incluso su lenguaje corporal cuando interactúa con el niño. El pequeño captará las señales de comunicación y las señales que los padres emiten y proyectan en el día a día. Además, el niño también reflejará las proyecciones emocionales de sus padres y responderá con sus propias formas de comunicación, dependiendo de su etapa de desarrollo, experiencia y crianza. Si el padre o el tutor enseña al niño una comunicación positiva, es más probable que el niño responda al padre de una manera más productiva y positiva, puesto que así se promueve el bienestar del infante y la relación entre el padre y el hijo. La comunicación de una manera abierta, directa y constructiva, acerca a las personas y las lleva a comprenderse entre sí.

Consejo rápido: Es importante comunicarse con el niño en un lenguaje adecuado a su nivel de desarrollo, para ayudarlo a comprender lo que se dice. No es buena idea hablar con el nivel de habilidad lingüística de los padres, puesto que no se busca una comunicación unilateral.

Consejos para fomentar la comunicación

Una acción que los padres pueden tomar para comunicarse de manera más positiva, es proyectar un comportamiento tranquilo, en parte porque los niños no solo imitan lo que ven y oyen, sino que también pueden responder a la forma en que los padres se presentan. Por ejemplo, si la apariencia del padre incluye cejas fruncidas y labios fruncidos, es más probable que su hijo reaccione de la misma manera. Pero si la apariencia del padre incluye una expresión facial y un lenguaje corporal relajado, será más probable que su hijo responda de una manera alentadora para facilitar la comunicación. La forma en que los padres se presentan y se proyectan hace la diferencia, porque cada interacción que los padres tienen con sus hijos establece el ritmo para futuras interacciones similares en la familia y, más tarde, afuera, en el mundo real.

Otra acción que los padres pueden emprender para comunicarse de manera más positiva con sus hijos es mantener un buen contacto visual. Esto es útil para comunicarse con el niño porque no solo llama su atención, sino que también mejora la conexión especial que existe entre padre e hijo. Con mucha frecuencia, los padres miran sus teléfonos celulares o computadoras, por lo que iniciar el contacto visual es una buena manera de disminuir esas distracciones electrónicas. El contacto visual es, claramente, muy importante, porque mirar directamente a los ojos del niño le permite al padre evaluar qué dirección tomar a continuación como respuesta a su pequeño. Esto es útil en la crianza de los hijos porque los ojos de un individuo generalmente muestran lo que él o ella está pensando y sintiendo. Los padres pueden, a su vez, utilizar esta información para comprender al niño en ese momento en particular, especialmente cuando tiene problemas para usar palabras, es decir, durante las primeras etapas de su desarrollo.

La comunicación positiva también incluye conversar con el niño en vez de sólo hablarle al niño. Cuando el padre habla al niño, es menos probable que éste escuche, porque hablarle generalmente hace que el niño no reciba la atención que merece en primer lugar. Además, parece que hablarle al niño es para beneficio de todos, excepto de él mismo. Por otro lado, cuando el padre conversa con su hijo, es más probable que escuche, porque la comunicación es más personal y directa en comparación con la otra, impersonal e indirecta. La forma en que el padre conversa con el niño hace una gran diferencia en cuanto a cómo él o ella percibe al padre y al mundo en sí, así que tenga cuidado de hablar con su hijo como le gustaría que le hablaran a usted mismo.

Además, la comunicación con el niño también se vuelve más fácil si el padre o el tutor están muy cerca de él, en contraste con quienes hablan (o gritan) con una habitación de por medio, en parte porque la cercanía física transmite el mensaje de que realmente está allí para su niño. Si el padre está muy cerca del niño, también será más probable que el pequeño se comunique con el padre. La comunicación con el niño simplemente no funciona si el padre está físicamente lejos del receptor del mensaje. En resumen, está bien estar físicamente cerca y, al mismo tiempo, respetar su espacio y sus límites personales.

Además de estar cerca del niño para mejorar la comunicación, el padre debe estar físicamente orientado hacia el niño, lo cual también puede marcar la diferencia. Esto se debe a que, aunque el padre puede estar muy cerca del niño para tener una conversación, si le da la espalda probablemente tendrá como resultado una menor calidad de interacción, porque dar la espalda puede ser sinónimo de muchas cosas negativas para el infante. Lo último que el padre quiere hacer es darle a su hijo la impresión de que lo está ignorando o de excesiva frialdad. Claramente, enfrentar al niño cuando interactúa y se comunica envía la señal de que el padre valora a su hijo al prestarle toda su atención.

La comunicación positiva también debe adecuarse al nivel de desarrollo del niño. En otras palabras, no insultes al niño hablando con él o ella como si todavía tuviera unos meses. Esto realmente no ayudará al desarrollo del niño porque el padre estará hablando por debajo del nivel de capacidades de lenguaje que el niño ya posee; lo mismo ocurre si habla a su nivel de adulto, porque el niño no alcanzará a comprender totalmente y se sentirá menos o responderá de mala manera. En cambio, hable con él a su nivel. También es aconsejable que introduzca poco a poco en el idioma del niño, palabras y estructuras que estén un poco por encima de sus capacidades de lenguaje, a la vez que se reafirman las ideas al nivel del pequeño. De esa manera, el niño también podrá experimentar un crecimiento en sus capacidades lingüísticas, lo que le permitirá una comunicación más fácil entre él y los adultos a su alrededor.

Una parte integral de la comunicación positiva es escuchar. Escuchar es una parte tan obvia de la comunicación que las personas a menudo lo dan por sentado. Sin embargo, es tan importante como hablar cuando se interactúa con un niño. El problema es que las personas generalmente escuchan respuestas y no entienden lo que se está comunicando. Claramente, es importante escuchar al niño porque lo ayuda a sentirse comprendido y validado.

La comunicación positiva con el niño también incluye permitir que exprese sus sentimientos; si el padre o el tutor hace esto, es más probable que el niño hable con él si está enojado, triste o contento. El padre o tutor también podría involucrar al niño en algún tipo de deporte u otra actividad física para expresar y liberar sus sentimientos. Es importante darle al niño una salida segura para los sentimientos, porque esto mejorará la comunicación entre ambos, siempre y cuando el niño exprese y libere esas emociones primero. Incluso los adultos, muchas veces, necesitan una salida segura para expresarse.

> Consejo rápido: Otra salida para los fuertes sentimientos del niño pequeño podría ser incursionar en algo creativo, como la pintura o el dibujo, ya que es una forma de expresión en la que el niño podría participar. Incluso las pinturas con los dedos pueden ser terapéuticas.

Hay muchas maneras para que los padres fomenten la comunicación positiva, algunas de ellas son:

- Proyectar un comportamiento tranquilo.

- Usar y mantener contacto visual.

- Conversar con el niño y no hablar al niño.

- Estar cerca.

- Orientar la posición del cuerpo hacia el niño.

- Comunicarse al nivel del niño.

- Escuchar activamente.

- Dar salida para expresar sentimientos reprimidos.

Información privilegiada sobre la comunicación positiva

Al intentar comunicarse con un niño pequeño, es vital hacer preguntas directas porque a veces puede frustrarse o sentirse abrumado si el tutor usa un lenguaje descriptivo y detallado, uno que esté por encima de su nivel de desarrollo del lenguaje. Es mejor usar un lenguaje corto, simple y al grano, porque esto es lo que los pequeños entienden mejor. Por ejemplo, cuando haga preguntas de "sí" o "no", manténgase en la estructura básica de las oraciones con sujeto, verbo y predicado, porque es más claro y conciso para un niño de dos a tres años, que se maneja con oraciones como "ir rápido al auto". En resumen, el padre o tutor mejorará las interacciones comunicativas entre él y el niño mediante el uso de un lenguaje franco y sincero que aborde directamente el problema.

Comunicarse con el niño de una manera positiva también incluye ponerse a la altura de sus ojos, la razón es lograr que el padre no parezca tan imponente con una silueta más grande que la del infante. Por ejemplo, tenía unos cuatro años cuando conocí a Goofy en Disneyland y me asusté tanto de su altura sobre la mía, que corrí y me escondí detrás de las piernas de mi madre como una respuesta directa a la situación. Del mismo modo, llegar al nivel de los ojos del niño hará que los padres parezcan más amigables y disponibles para ellos. Esto definitivamente mejorará la comunicación entre padres e hijos.

La comunicación positiva con el niño también depende del tono de voz del padre o tutor. Por ejemplo, si el padre cambia su voz para que suene áspera y firme cuando se comunica con el niño, es más probable que reaccione en lugar de pensar en lo que el padre está tratando de decirle. Por otro lado, si el padre modula su voz para que suene más uniforme y tranquila, el niño tendrá más probabilidades de considerar lo que se está diciendo. Esto ciertamente mejora la interacción entre padres e hijos.

¡Hacer tiempo para hablar con el niño es muy importante! De lo contrario, el niño puede sentirse desatendido o descuidado hasta cierto punto, por ello el padre debe tomarse el tiempo para interactuar con él o ella a diario. Incluso si es solo durante diez minutos al final del día, el niño se sentirá más amado y aceptado si el padre o tutor hacen tiempo para comunicarse e interactuar. Esto se debe a que la atención de mamá y papá no tiene precio para un niño pequeño.

Una forma de hacer tiempo para interactuar con el niño es entablar una conversación apropiada para su edad durante las tareas cotidianas. Quizá mientras recogen juguetes juntos, o podrían entablar una conversación mientras leen alguna historia antes de dormir. No importa lo que haga el padre para comunicarse, es importante hacer el tiempo para que esa comunicación se lleve a cabo.

Escuchar activamente al niño también es de gran valor porque le muestra que el padre o tutor está más interesado en lo que tiene que decir, en comparación con quienes solo escuchan y no buscan comprender realmente el mensaje del interlocutor. El padre debe usar su lenguaje corporal, además de sus palabras, para comunicarse con el niño y demostrar que está escuchando activamente. Por ejemplo, tal vez el padre podría hacer un gesto con la cabeza para mostrar que está escuchando activamente, podría asentir con la cabeza moviéndose de arriba abajo mientras el niño habla. El padre también podría estar de acuerdo verbalmente para alentar al niño a hablar con él y, además, repetir lo que el niño ha dicho, por ejemplo: "¿Dices que el coche es tu juguete favorito?"

Otra razón por la que le lee libros al niño es que es otra forma de comunicarse con él, porque el padre o tutor no solo pasa tiempo con el niño, sino que también puede expresarle palabras positivas a su hijo a medida que le lee. Esta es, definitivamente, una comunicación positiva con el niño en crecimiento, porque también aumentará sus capacidades de lenguaje con nuevo vocabulario, permitiendo así una mayor comunicación entre ambos. Intente leerle libros al niño todos los días, ya que esto aumentará el tiempo de vinculación en el que el padre se conecta con el pequeño. Esto también incrementa la probabilidad de que el niño responda a los libros apropiados para su edad, especialmente si hay imágenes en el libro de artículos cotidianos que puede reconocer dentro de su propia rutina diaria.

Además, el padre podría incluso jugar con su niño pequeño utilizando algunos de los juguetes de la misma manera que el niño. Por ejemplo, papá podría jugar con los trenes a escala con su hijo, empujándolos a lo largo de las vías de juguete y diciendo "chu, chu" como su niño. Intente dejar que el niño dirija la sesión de juego mientras mamá o papá lo siguen. Además, también es bueno jugar un poco con el niño todos los días para alentar la imaginación e incidir en diversas áreas en el desarrollo del infante. De hecho, parecería que el arte creativo del juego es beneficioso para todos los involucrados, especialmente para el niño pequeño, porque le muestra al niño varias cosas, cómo tomar turnos y cómo ganar o perder. Estas lecciones se llevarán hasta la vida adulta también.

Como se mencionó anteriormente, cuando uno se comunica con un niño pequeño, es importante usar un lenguaje positivo. Recuerde que se deben evitar palabras como "no" o "prohibido" a menos que el padre o tutor realmente necesite usarlas para una emergencia, como ver al niño corriendo a la calle de repente. En vez de eso, cambie un poco el enfoque e intente parafrasear y enfatizar la acción que se quiere que el niño realice.

Además, trate de excluir las palabras que avergüenzan, insultan o ridiculizan al niño, porque esto solo llevará a que el niño se desconecte de los padres debido a que se siente menospreciado. Por otro lado, las palabras compasivas producen niños pequeños positivos y felices que desean interactuar y comunicarse más con el mundo que los rodea. La comunicación positiva es una parte importante del desarrollo del niño, porque lo motiva a interactuar con otras personas y a descubrir el mundo más grande que se encuentra más allá de mamá y papá.

Existen muchos métodos para mejorar la comunicación con su hijo, estos incluyen:

- Ser directo.

- Bajar al nivel de los ojos del niño.

- Cuidar el tono de voz.

- Tomarse un tiempo para hablar.

- Escuchar activamente.

- Leer libros.

- Usar lenguaje positivo.

La comunicación positiva con el niño requiere que el padre o tutor sea más sensible y consciente de las necesidades del niño. También requiere que los padres tengan en cuenta que su hijo es un individuo por méritos propios, con capacidades lingüísticas crecientes y necesidades exclusivas de su edad, su nivel de desarrollo, las experiencias, la crianza y otras características niño. Cuando las personas dicen que los niños son un producto de su entorno, están en lo correcto, porque los niños internalizan y emulan lo que observan que sus padres y tutores hacen y comunican día a día. Si mamá y papá son positivos a diario, su hijo también será más positivo, ya sea ahora o en el futuro. Es importante recordar que su pequeño busca que le brinde su orientación y que le explique qué estructura seguir mediante una comunicación positiva.

Capítulo cinco:

Plan de acción de disciplina y crianza positiva para niños pequeños

La crianza positiva y la disciplina van de la mano porque ambas trabajan juntas para darle al niño la mejor vida posible a través de la estructura, la orientación y la enseñanza con amor. Están intrínsecamente conectados porque la paternidad positiva necesita una disciplina saludable para tener éxito y la disciplina no es tan efectiva sin el amor incondicional. Además, la crianza positiva y una disciplina saludable le dan al padre y al niño un equilibrio sano para convivir, ya que ambos son respetados, entendidos y muy queridos. Por lo tanto, parecería que la crianza positiva y la disciplina son bastante interdependientes.

Sea como fuere, la crianza positiva y la disciplina no siempre van tan bien como a los padres les gustaría, especialmente cuando los padres intentan presentarle al niño algo como un nuevo límite. Es entonces cuando los padres deben hacer todo lo posible por ser pacientes con el niño y su proceso. Sin embargo, todos los padres tienen su punto de quiebre cuando reaccionan a la situación en lugar de pensar en lo que es mejor para el niño. Aquí es cuando deben mejorar su papel como padres para manejar la situación lo mejor que puedan sin comprometer al niño o a ellos mismos. Después de una dificultad, es importante restablecer una sensación de normalidad tanto para el niño como para el padre, para que ambos puedan comunicarse e interactuar nuevamente de manera saludable.

Consejo rápido: ¡Está bien que mamá, papá o el tutor se tomen un tiempo para reunirse, centrarse y ordenar sus pensamientos antes de regresar al increíble trabajo de ser padres! Tome un respiro si está demasiado volcado emocionalmente.

Habilidades para minimizar peleas y gritos

Para que la crianza positiva y la disciplina funcionen, los padres deben prestar atención a lo que pueden controlar, en lugar de estar pensando en lo que no; sobre todo cuando se trata de criar al niño lo mejor que pueden dada la situación y sus habilidades. El padre no puede controlar la reacción del niño a los nuevos límites, pero puede controlar su respuesta a la reacción del niño ante dicho límite. Lo último que los padres quieren hacer es perder la calma porque el niño verá que puede presionarlos. Es importante recordar que, como padre, usted tiene el poder y la autoridad para guiar y disciplinar al niño de manera saludable. Esta es una gran responsabilidad y debe manejarse con el mayor cuidado, amor y consideración por el niño.

Sin embargo, a veces a un niño pequeño le gusta discutir con sus padres sobre el nuevo límite establecido porque está molesto por no tener control sobre su propia vida y sus propias elecciones. Sin embargo, el niño no siempre puede tomar sus propias decisiones dada su edad y cosas como la etapa de desarrollo en la que se encuentra. Además, cuando el niño pequeño sufre un ataque o se enoja, es fácil que se sienta frustrado con la situación. Es entonces cuando el padre debe desconectarse para mantener la compostura suficiente para pensar qué sería lo mejor para el niño en este momento.

Incluso si el niño pelea con usted, no discuta. Discutir con un niño pequeño no logra mucho de todos modos. Ser combativo con el niño le da la oportunidad de sentir que recupera algo de autonomía y control. El niño podría incluso intensificar su conducta para ver cómo reacciona el padre si lo empuja a la discusión. Aunque puede ser tentador discutir con un niño de tres años, se recomienda no ceder, porque el niño ha logrado algo conocido como la curva de extinción.

La curva de extinción ocurre cuando una acción específica se detiene en respuesta a otra acción, como un padre que acepta la demanda o solicitud inicial de la mendicidad y la queja de su hijo. Cuanto más se queja el niño, más espera que ceda su padre. Si el padre acepta, entonces el niño ha alcanzado la extinción de los límites o reglas del padre. Por otro lado, si el padre se desconecta repetidamente de los quejidos del niño, el pequeño eventualmente aprenderá que mamá y papá no van a rendirse. Como resultado, el niño deja de quejarse, lo que lleva a una extinción del mal comportamiento. En resumen, la curva de extinción también funciona a favor de los padres.

Una vez que se ha detenido el comportamiento inicial de lloriquear, quejarse o lanzar ataques, también es importante que los padres estén de acuerdo con el niño, en contraste con estar en desacuerdo cuando discuten. Por ejemplo, el padre podría estar de acuerdo con el niño sobre cómo se siente en respuesta al nuevo límite implementado y mostrar empatía hacia él. Estar de acuerdo sobre algo que el niño entiende y valora también tiene el efecto de extinguir el comportamiento del niño. Esto ocurre porque el niño verá que mamá, papá o el tutor entienden dónde está parado con respecto a la situación de ser vulnerable e indefenso como un niño de tres años. El acuerdo en lugar de la pelea es claramente más efectivo para ayudar al tutor a criar positivamente l pequeño, con una disciplina saludable y un amor incondicional.

Sin embargo, la crianza de los hijos y la disciplina pueden ser desafiantes cuando su pequeño no quiere escuchar. Los niños pueden discutir hasta que estén azules con tal de exponer su caso. A veces la discusión puede llevar a que se levante la voz e, incluso, a los gritos. Esto puede deberse a que la corteza prefrontal de los niños pequeños aún no está completamente desarrollada, lo que significa que la habilidad de un niño para la regulación emocional todavía no está ahí. La falta de dicha habilidad puede conducir a crisis emocionales cuando el niño se sienta frustrado. Del mismo modo, cuando tanto el niño como el padre gritan, es porque falta algún tipo de habilidad. De hecho, la razón principal por la que los nuevos padres gritan es porque carecen de las habilidades para criar y disciplinar positivamente a su hijo. En resumen, gritar es más fácil, pero es una forma mucho menos efectiva de convencer al niño de que acepte los términos acordados.

Los gritos también ocurren porque a veces somos egoístas. En resumen, el padre quiere insistir en salirse con la suya sin considerar realmente qué es lo mejor para el bienestar del niño. La pregunta es si el padre está gritando al niño porque está personalmente irritado con él o ella, o si el padre está tratando de cuidar al niño y su bienestar. Y aunque es menos difícil gritar y gritar, es más perjudicial para el niño porque, como resultado, él o ella reflejarán definitivamente el comportamiento de su tutor. El padre necesita encontrar una forma más efectiva de cuidar y educar al niño.

Claramente, minimizar las discusiones y los gritos entre un padre y un niño requiere cierta habilidad, algunas de esas habilidades son:

- Preste atención a lo que puede controlar.

- Desconéctese.

- No discuta.

- Use la curva de extinción para disminuir las discusiones.

- Llegue a un acuerdo con el niño después de una discusión.

- No grite para nada.

- Sea consciente de que los motivos egoístas son los que acarrean gritos.

La crianza positiva y la disciplina con amor se vuelven difíciles cuando el padre se enfoca tanto en estar molesto que olvida su papel en la vida del niño. Obviamente, esto no es bueno porque el niño puede usurpar al padre si el padre está experimentando un dilema de identidad al olvidar su papel en la vida del niño. Este tipo de inversión de roles sería perjudicial para el niño pequeño, especialmente si termina incidiendo en la crianza del niño. La disfunción superaría la vida y el hogar del niño, y de eso no se trata la crianza de los hijos. La crianza de los hijos se trata de amar y criar a un ser humano sano y funcional, que será capaz de gobernarse a sí mismo algún día, y no al revés.

El padre, en el caso anterior, necesita tomar conscientemente la decisión de criar y cuidar al niño y luego cuestionar cómo se va a esmerar en ser un padre positivo sin perder la calma todo el tiempo. De hecho, parecería que la crianza positiva es más que una decisión consciente, es una forma de vida tanto para los padres como para el niño. Claramente, esta forma de vida es más saludable porque pensar con habilidad y actuar conscientemente es bueno para todas las partes involucradas, en contraste con quien solo reacciona y responde emocionalmente a la situación.

Plan de acción detallado para cambiar el comportamiento

También es bueno que el padre sepa que el niño comprende y asimila más de lo que puede expresar y vocalizar a esta edad o fase de desarrollo. Esta es la razón por la cual es importante centrarse en explicar lo que está en el presente y lo que podría estar en el futuro inmediato. De esta manera, el niño comprende mejor lo que está sucediendo y lo que debe suceder para poder modificar el comportamiento y corregir la situación hasta que se vuelva algo óptimo para la vida del niño. Todo lo que se necesita es un poco de delicadeza en el lenguaje para dar la explicación a tu pequeño.

El siguiente paso, después de detallar y explicar el presente y el futuro inmediato, es practicar lo que se acaba de predicar. En otras palabras, el niño necesita que usted modele el comportamiento que desea de él o ella. Tal vez incluso actúe el nuevo estándar de comportamiento para transmitir el punto al niño. En otras palabras, las palabras son un comienzo, pero luego se toman medidas para cambiar el comportamiento del niño, en lugar de centrarse en el comportamiento incorrecto. Otra cosa importante es que cada niño tiene un estilo de aprendizaje y una curva diferente cuando se le enseña el nuevo estándar de comportamiento.

Consejo rápido: Intente intercambiar su rol con el del niño pequeño para transmitir el punto cuando enseñe algo nuevo. Esto ayudará al niño a comprender mejor la necesidad del nuevo comportamiento, ya que el padre juega al niño y el niño finge ser mamá o papá.

Sin embargo, para que esto suceda, el niño tiene que calmarse primero, especialmente si él o ella estaba haciendo un berrinche o le gritaba a mamá. Una buena idea para que el niño se calme es asignarle un lugar para relajarse, como sentarse en el sofá durante unos minutos, lejos de otros niños u otras distracciones. Una vez que el niño se ha calmado, entonces está bien enseñarle el nuevo estándar de comportamiento. Incluso los adultos tienen dificultades para concentrarse cuando están molestos.

Sea como fuere, es importante que el adulto en la relación padre-hijo le enseñe al pequeño algunos pasos para tener éxito en el aprendizaje de un nuevo comportamiento. Esos pasos incluyen:

- Que el niño pequeño aprenda a seguir las instrucciones del tutor.

- Enseñar al niño a recibir un no por respuesta y a aceptar críticas de comportamiento.

- Enseñar al niño a aceptar las consecuencias.

El primer paso es aprender a seguir las instrucciones de mamá o papá. Tal vez mamá o papá podrían modelar el nuevo comportamiento para mostrarle al niño al principio lo que debe hacerse, es decir, para que el niño entienda el comportamiento requerido en lugar de solo hablar sobre ello. Además, los niños pequeños observan cuidadosamente lo que hace en comparación con lo que dice como padre.

El segundo paso es enseñarle al niño a recibir un "no" por una respuesta y una buena crítica de la mala conducta inicial. El padre podría hacer esto usando la palabra "no" de forma intermitente con una acción para transmitir el punto de manera que el niño se acostumbre a la palabra y lo que significa. Parece que "no" se entiende mejor usando palabras y acciones para describirlo en un nivel que el niño pueda entender. Además de la palabra "no", el niño deberá acostumbrarse a recibir las críticas de su padre y su madre sobre su comportamiento inicial.

Para enseñar al niño a hacer esto, quizá critique algo menos serio que un momento de disciplina de enseñanza, para que el niño se acostumbre. Por ejemplo, si usted y su hijo están caminando y ven basura en el suelo, podría decir: "Eso es malo. Me pone triste". Luego, cuando use esa frase para un comportamiento de su hijo, él o ella comprenderá lo que quiere decir.

El tercer paso es recibir la consecuencia del mal comportamiento. Mamá o papá deben repartir las consecuencias más temprano que tarde para inculcar en el niño una comprensión de la causa y el efecto de la consecuencia. Si mamá o papá esperan para hacer cumplir la consecuencia, el niño perderá una oportunidad de aprendizaje, sobre todo si pasa demasiado tiempo entre establecer un límite y aplicarlo a través de las consecuencias, porque el niño simplemente habrá olvidado lo que ha hecho. La acción y reacción debe ser inmediata.

Por último, el cuarto paso es enseñarle al niño a estar en desacuerdo de manera apropiada; si él mismo no está de acuerdo con mamá o papá respecto a las acciones disciplinarias que se acaban de describir, debe poder expresarlo. En otras palabras, está bien no estar de acuerdo, siempre que haya pautas para hacerlo. Claramente, adquirir un nuevo comportamiento es un proceso de aprendizaje, especialmente para el niño pequeño. El objetivo aquí es enseñar autonomía a través de relaciones de causa y efecto, una lección a la vez.

Cambiar el comportamiento de un niño pequeño requiere algo de trabajo por parte de los padres o tutores, pero para hacerlo más fácil, aquí hay un plan de acción resumido para que esto suceda:

- Describa el comportamiento presente y los posibles comportamientos futuros.

- Practique nuevos comportamientos de inmediato.

- Enseñe al niño a seguir instrucciones.

- Enseñe al niño a aceptar respuestas y críticas a su comportamiento.

- Haga que el niño pequeño reciba las consecuencias de sus actos.

- Haga que aprenda a no estar de acuerdo apropiadamente.

Otro objetivo y plan de acción para la crianza positiva y la disciplina tiene que ver con enseñarle al niño a dejar de pegar. Este tipo de comportamiento es típico en los niños pequeños porque a esa edad no tienen las habilidades de regulación emocional para autogobernar sus emociones de la misma manera que los adultos.

En cambio, los pequeños se ven fácilmente inundados por fuertes sentimientos y actúan en consecuencia. Sin embargo, este comportamiento de golpear debe detenerse porque solo causa dolor a la parte receptora y, finalmente, al niño, ya sea en el presente o más tarde en la vida como adulto. En resumen, aunque pegar es el comportamiento típico de los niños pequeños, no es correcto que participen en él.

Lo que es apropiado recordar en relación con los golpes es que su niño a menudo se someterá a etapas de desarrollo en las que eventualmente alcanzará un hito. Un hito es un evento que marca un cambio significativo en el desarrollo del niño. Por lo general, cuando un hito está a punto de suceder, el niño puede volverse un poco más irritable y andar de mal humor, lo que resulta en un comportamiento beligerante. Esto es común porque se están produciendo muchos cambios y el cerebro del niño, en constante crecimiento, apenas puede seguirles el ritmo. En resumen, los niños no poseen las habilidades de desarrollo necesarias para manejar todo esto. En cambio, se vuelven más delicados en su estado emocional cuando están estresados. Esto también es cierto para los adultos. Sin embargo, es un proceso normal de desarrollo que requiere mucha ayuda de la madre, el padre o el tutor.

Sin embargo, el tutor del niño primero debe cuidarse a sí mismo, incluso antes de pensar en ayudarlo, porque, de lo contrario, el caos se produce cuando mamá o papá ignoran su cuidado personal. Como resultado de que el bienestar de la madre o el padre se vea comprometido debido a la falta de autocuidado, el niño también sufrirá una atención menos óptima por parte de los adultos a su alrededor. Esto puede suceder fácilmente porque la primera inclinación de los padres es amar incondicionalmente al niño. Es fácil olvidarse de cuidarnos a nosotros mismos. Sin embargo, si los padres olvidan esta simple regla, serán menos efectivos como padres y como personas en general. Nada se logra ignorando el cuidado personal.

Si pueden cuidarse mejor, serán más efectivos como padres porque podrán ayudar a las personas en general, además de a sus hijos pequeños. Por ejemplo, el padre puede hacer un seguimiento de sus comportamientos y sentimientos en respuesta a los golpes del niño, porque los padres también tienen reacciones y emociones receptivas. Sin embargo, si el tutor evita dejarse llevar por sus emociones, el niño claramente se beneficiará de que su mamá o papá piensen en vez de solo reaccionar instintivamente y responder sin pensarlo cuidadosamente.

Pasos para evitar que el niño golpee

En otras palabras, a veces mamá o papá también necesitan un minuto para calmarse. Una sugerencia para hacerlo a través del cuidado personal es participar en algo que les brinde tranquilidad. Esto podría ser cualquier cosa, desde un baño tibio de burbujas hasta una caminata por un sendero natural. Como resultado, estará más centrado y tranquilo como persona. El niño notará que eso es lo que proyecta y, a su vez, estará más tranquilo también, en lugar de desesperarse y golpear a otro individuo. Cuidarse primero es vital, en parte porque los niños pequeños reflejan lo que hacen mamá y papá más que lo que dicen.

Además, es de esperar que la mamá o el papá se tome un tiempo de descanso, lo que hará que él o ella sea más consciente de hacer lo que es correcto para el niño, en vez de solo realizar lo que es conveniente para los padres. Voy a entrar en más detalles sobre el cuidado personal en el **capítulo siete**.

El segundo paso con respecto al niño pequeño golpeador, es establecer un límite simple pero firme con en el momento en que lo capturen con las manos en la masa. Algo como "no puedes golpear a otros niños" es directo y al grano, lo que se necesita con un niño de tres años. Además, si debe hacerlo, retire al niño del lugar también. De esta manera, el niño aprenderá que cada vez que golpea, no se le permitirá jugar con otros niños. Los padres deben ser firmes para que el comportamiento se detenga más temprano que tarde.

El tercer paso para convencer al niño de que deje de golpear es presentarle a un adulto centrado y tranquilo para interactuar, en vez de que aparezca un padre molesto que provoque una interacción poco fiable. Si el niño observa a su tutor como alguien centrado y tranquilo, es de esperar que imite su comportamiento. Claramente, es importante ser un ejemplo para el pequeño porque asimilará lo que proyecta el padre y, a su vez, lo proyectará él mismo a través de un proceso conocido como condicionamiento. Con suerte, con suficiente tiempo y práctica, el niño podrá comenzar a gobernarse un poco mejor.

El cuarto paso es conectarse con su niño pequeño. Para empezar, averigüe por qué él o ella está golpeando. Además, recuerde que la razón de un niño de tres años para golpear puede no ser tan sólida como la lógica y el razonamiento de un adulto, y eso está bien. Tal vez el niño está golpeando porque trata de cumplir alguna necesidad y actualmente no lo logra. Cualquiera que sea el caso, es importante ser consciente de esta necesidad porque entonces el padre puede emplear la empatía para conectarse con su pequeño y averiguar más con respecto a dicha necesidad.

El quinto y último paso para convencer al niño de que no golpee es abordar su enfoque para satisfacer la necesidad insatisfecha. Es importante abordar el enfoque agresivo del niño si el comportamiento va a cambiar en el presente. Quizás sugiera al pequeño algunas estrategias que sean más adecuadas y efectivas que golpear a otro individuo, ya sea un niño o incluso el tutor. Una vez que se identifican algunas estrategias, tal vez mamá o papá podrían enseñarle el enfoque más nuevo para satisfacer la necesidad latente del niño pequeño.

Evitar que un niño pequeño pegue requiere lo siguiente de mamá o papá:

- Estar más tranquilo a través del cuidado personal.

- Establecer un límite simple pero firme.

- Presentar a un niño pequeño con un adulto centrado y tranquilo para interactuar.

- Conectarse con él a través de la empatía.

- Abordar el enfoque del niño para satisfacer una necesidad latente.

Consejos para convencer al niño de que escuche

Además de discutir, gritar y golpear, también es importante convencer al niño de que escuche desde la primera vez al establecer un límite para criar y disciplinar positivamente a dicho niño. El primer paso para que el niño escuche y se comporte desde la primera solicitud es aprender a pensar como un niño pequeño. Esto es invaluable porque es una especie de cambio de roles que puede brindarle a los padres una idea de la situación de lo que su hijo puede pensar, sentir y creer con respecto a los límites, la disciplina y las fronteras. También puede ayudar a los padres a comprender el proceso de razonamiento de un niño sobre por qué versus por qué no. De hecho, ¿por qué un niño elegiría deliberadamente hacer algo no divertido según la solicitud de los padres? No lo harían. Sin embargo, una vez que el padre comprende el proceso de pensamiento del niño al conocerlo mejor jugando, conversando o simplemente pasando el rato, el padre finalmente puede influir en el niño para que escuche la primera vez. En resumen, el enfoque lo es todo para que un niño pequeño escuche la primera vez.

> Consejo rápido: Puede sonar tonto, pero actuar como un niño pequeño hará que el niño se detenga lo suficiente como para prestar atención al padre cuando él quiera que el niño lo escuche.

El segundo paso para lograr que un niño escuche es controlar sus emociones con respecto a la situación, porque de lo contrario, si le grita explosivamente al niño, será menos probable que acepte sus solicitudes de todos modos. Por otro lado, si está tranquilo con su tono de voz, expresiones faciales y postura, es más probable que el niño cumpla con la regla que se acaba de establecer. Después de todo, el padre es el que tiene poder y control.

El tercer paso para convencer a un niño de que escuche es emparejar las consecuencias con la comunicación. Por ejemplo, si el padre cambia su tono de voz a uno más alto, el niño sabe que la consecuencia será más severa. Además, si el padre hace esto lo suficiente, el niño eventualmente aprenderá a escuchar, dado el condicionamiento del padre sobre el tono de su respuesta.

El cuarto paso para que el niño escuche es hacer que su palabra valga. Esto significa que es más probable que los niños pequeños escuchen al padre si él o ella cumple con lo que se dice. De lo contrario, las palabras no tienen significado y de hecho no valen nada para el niño. Si el padre quiere que su palabra sea valorada, entonces debe implementar las consecuencias que están vinculadas a la comunicación.

El quinto paso para convencer a un niño de que escuche es trabajar en la relación entre el niño y el padre, en parte porque su trabajo como padre es amar al niño sin importar qué. Si el niño es consciente de que alguien especial lo ama, entonces será más probable que escuche, dado que el niño quiere ese amor y atención. En resumen, el niño escuchará por querer el amor y la atención de mamá y papá.

Hay muchas maneras de convencer a un niño para que escuche, algunas de las formas más pertinentes son:

- Piense como un niño pequeño.

- Controle sus emociones.

- Empareje consecuencia con comunicación.

- Haga valer su palabra.

- Trabaje en la relación padre-hijo.

Consejos para dormir a los niños pequeños

Otro objetivo de criar y disciplinar positivamente al niño es lograr que se duerma cuando sea necesario. Esto puede ser un desafío para la mayoría de los padres porque no pueden controlar cosas como el sueño del niño. Lo último que quiere un padre es estar molesto por el rechazo absoluto del niño a cosas como la hora de acostarse. Sin embargo, lo que los padres pueden hacer para convencer al niño de que haga cosas como quedarse dormido es elegir sus batallas sabiamente y poner atención en los problemas que pueden controlar, como las opciones que se le dan al niño cuando hace cumplir la regla o el límite con respecto a la hora de acostarse. Por ejemplo, un padre no puede controlar cuándo duerme su hijo, pero puede controlar si el niño está tranquilo y la puerta de la habitación se puede dejar abierta para que entre la luz.

El niño puede ser persuadido suavemente por rutinas agradables para cosas como la hora de acostarse. Dichas rutinas preparan el escenario para el comportamiento del niño porque promueven la buena salud y, por lo tanto, el buen desarrollo del cerebro. Dele al niño algo que esperar a la hora de acostarse, como pasar tiempo con mamá y papá, que le lean un cuento, un abrazo. Sea como fuere, si al niño no le gusta la rutina, él o ella podría demostrarlo haciendo un berrinche. Hacen esto por algo conocido como refuerzo intermitente. Si el padre responde y reacciona aleatoriamente a los empujones y las quejas del niño, entonces el niño ganó la batalla de control, reforzando el comportamiento del padre a través de su propio comportamiento. Sin embargo, si mamá o papá simplemente no responden, sino que se alejan por un momento, tal vez el niño se dé cuenta de que lo que una vez sirvió para sus tutores ya no funciona igual. Entonces se gana la batalla por el control.

Convencer al niño para que se duerma es más fácil si mamá o papá:

- Evita las batallas de control.

- Controla las victorias si las batallas no se pueden evitar.

- Elige las batallas sabiamente.

- Tiene una rutina para acostarse.

Ayudar al niño a ganar más confianza

La crianza positiva y la disciplina del niño en realidad lo ayudan a ganar algo de confianza a través del aprendizaje y el dominio de tareas apropiadas para su edad y nivel de desarrollo. En resumen, el proceso para que un niño pequeño gane confianza en sí mismo tiene cuatro pasos necesarios. El primer paso es darle una tarea que usted crea que puede manejar. Esto es importante porque le dice al niño que usted como padre tiene confianza en sus capacidades para lograr algo. Es un gesto muy significativo para el niño pequeño.

Sin embargo, de la misma manera, el padre espera que su hijo falle en la tarea. Esto se debe a que el niño aprenderá algo valioso como la persistencia y la determinación al intentarlo de nuevo. Este segundo paso en el cual el niño falla en una tarea, enseña muchas cosas, especialmente lo que no se debe hacer. De hecho, parece que las personas aprenden más de lo que han hecho de forma incorrecta en comparación con lo que han hecho bien. De todos modos, los errores enseñan más que la perfección.

El tercer paso para enseñarle confianza a un niño pequeño es dejar que las consecuencias del error le enseñen a no volver a cometerlo. Las consecuencias apropiadas para la edad son un apoyo muy valioso en la educación porque apoyo muy valioso en la educación porque pueden determinar el comportamiento del niño una y otra vez al asumir la responsabilidad de sus acciones. Sin embargo, también es invaluable tener empatía con el niño cuando siente los efectos de sus errores.

El cuarto y último paso para ayudar a su hijo a ganar confianza es darle el mismo desafío nuevamente con la esperanza de un eventual éxito. Si el niño ha aprendido algo en este momento, es que la repetición también es una maestra efectiva. Con suerte, el niño tendrá éxito esta vez mientras lucha por superar dicha tarea. De hecho, parece que repetir aquello en lo que nos equivocamos una y otra vez es muy efectivo para educar a cualquier persona en cualquier edad.

Claramente, mamá o papá pueden ayudar al niño a ganar confianza de muchas maneras, pero algunos de los métodos más importantes incluyen:

- Darle al niño una tarea que puede manejar.

- Esperar a que el niño falle en la tarea.

- Dejar que las consecuencias le enseñen.

- Darle el mismo desafío/tarea para que intente de nuevo.

Claramente, los planes de acción son necesarios para enseñar, proporcionar una estructura y guiar a los niños pequeños con una crianza positiva y también con la disciplina combinada con el amor incondicional. Es importante que los padres participen de todo corazón en estas técnicas positivas de crianza y disciplina por el bien del niño, porque el objetivo final para el niño es aprender a gobernarse a sí mismo para llegar a ser un adulto estable y saludable algún día, incluso si los seres humanos no vienen con un conjunto de instrucciones.

Capítulo seis:

Errores disciplinarios comunes

Los errores disciplinarios comunes marcan la diferencia entre que el aprendizaje se lleve a cabo con el padre tratando de estructurar, guiar y enseñar al niño con amor incondicional, o que el padre no tenga éxito. Todos necesitamos aprender alguna vez. Al igual que un niño pequeño que aprende fallando en una tarea, a veces la mejor manera para que un padre aprenda es también fallar en una tarea las primeras veces. Como he explicado, las personas aprenden mejor a través de sus errores, especialmente con una crianza positiva y disciplinando al pequeño. El aprendizaje es un proceso y, con los niños, se convierte en un proceso de prueba y error a medida que los padres ensayan nuevas técnicas para descubrir qué funciona mejor con respecto a la disciplina de su niño pequeño.

Los niños pequeños pueden ser difíciles de criar y disciplinar positivamente por muchas razones. Una de ellas es que cada niño es diferente en cuanto a disciplina y etapas de desarrollo. Además, los padres también deben considerar la naturaleza y la genética del pequeño, por ejemplo, además del ambiente y las experiencias en el hogar que se ganan por los eventos diarios o acontecimientos en la vida del niño. También puede ser difícil cambiar nuestro estilo de crianza de lo que aprendimos de nuestros propios padres a algo nuevo y diferente. Todos estos aspectos deben ser considerados antes de embarcarse en el viaje de la paternidad.

Los errores de disciplina son muy comunes porque los padres son humanos. Los humanos por naturaleza son falibles y la naturaleza humana en sí misma no es tan sencilla como para que un conjunto de instrucciones puedan guiarla. Sea como fuere, la naturaleza humana puede ser condicionada a través de experiencias repetitivas que conducen a un cambio de perspectiva, actitud o comportamiento. Es este cambio de comportamiento lo que le dirá a un padre si lo que él o ella está haciendo para disciplinar al niño está funcionando. Aún más desafiante es el hecho de que los niños pequeños tienen una curva de aprendizaje pronunciada porque todavía se están desarrollando y creciendo. Sin embargo, los niños son como esponjas, absorben todo lo que ven y oyen en su entorno.

Además, los niños internalizan lo que se les enseña por medio de la disciplina, lo que a veces conduce a su expresión emocional sobre esos límites y normas. En otras palabras, los niños pequeños también enseñan a sus padres a través de sus reacciones y acciones receptivas, ya que son educados a través de la crianza positiva y el amor incondicional. Sin embargo, el adulto en la relación debe estar dispuesto a ser el maestro y, a veces, el alumno, dejando que el niño tome la iniciativa mientras nos enseña lo que funciona y no funciona con respecto a la disciplina de mamá y papá. Por otra parte, los padres deben inculcar valores a través de lecciones de disciplina y experiencias que duren toda la vida a través de su ejemplo, ya que el niño a menudo es un reflejo de sus padres.

Diez errores disciplinarios que los padres suelen cometer

A veces los padres pueden tener expectativas poco realistas sobre las habilidades de sus hijos por muchas razones. Una de ellas es la falta de información sobre la fase de desarrollo del niño y las capacidades resultantes. En resumen, los padres no son conscientes de lo que su pequeño es capaz de hacer a una edad determinada a no ser que busquen información al respecto o que hayan tenido experiencia previa en el cuidado y la crianza de sus hijos.

Incluso entonces, algunos padres no entienden que los niños no son adultos pequeños y no deberían ser tratados como tales. Los niños también deben tener una infancia y esperar que se desempeñen a un nivel muy superior a su fase de desarrollo y capacidades actuales es poco realista y poco práctico. Otro error disciplinario común, además de esperar que los niños actúen más viejos de lo que son, es consentir a los niños. Es comprensible que los padres quieran que sus hijos tengan la mejor vida posible. Sin embargo, atender todos sus caprichos no es una realidad factible porque el niño, como resultado, puede terminar siendo mimado y esperar que las personas en el futuro también lo consientan, incluso cuando sea un adulto. Eso no es realista ni saludable.

Sin embargo, es saludable complacer al niño de vez en cuando por un trabajo bien hecho, pero no es sano consentirlo en exceso por cada pequeña victoria. Además, el niño puede volverse perezoso e inerte si el padre lo mima a cada segundo. Esto podría ocasionar que no pueda pensar y actuar por sí mismo cuando se materialice una necesidad o un deseo. Lo último que un padre quiere para su hijo es que se acostumbre tanto a ser alimentado que no pueda hacerlo por sí mismo.

Lo que se puede hacer para evitar el siguiente error de disciplina es seguir las consecuencias. En otras palabras, a veces los padres no siguen la acción una vez que se pronuncian las palabras, ya sean promesas o consecuencias. Esto no es bueno para el niño. Si un padre no realiza una acción de forma rutinaria después de que se pronuncian las palabras, el niño pequeño podría tomar al padre menos en serio. Como resultado, el niño puede ignorar y no escuchar al padre cuando hay una amenaza inminente pendiente. Por otro lado, el niño tomará a los padres más en serio si él o ella cumple su palabra una vez que se pronuncia, independientemente de la razón. No es un gran plan de crianza tener un padre que habla mucho y hace poco, ya que debe haber un equilibrio entre los dos. En resumen, demasiadas o muy pocas acciones o palabras no son algo bueno para el pequeño.

Cuidar demasiado al bebe también es una desventaja porque el niño esperará ser mimado todo el tiempo por mamá o papá, incluso cuando el grupo de compañeros del niño no le maltrate 24/7. Esto podría resultar en un menor crecimiento durante el desarrollo porque el niño responderá a la crianza y no a su etapa de desarrollo. Si a un niño pequeño se le cuida constantemente, será menos probable que se las arregle solo cuando sea necesario.

Además, el hecho de que un niño pequeño sea mimado lo alienta a depender demasiado de sus tutores en lugar de que resuelva el asunto por sí mismo. Tener un poco de cuidado con el bebé está bien, pero hacerlo hasta el punto en que realmente crea que es un bebé no lo ayuda a desarrollarse correcta y completamente. En resumen, el niño se vuelve menos autosuficiente y aún más dependiente de su(s) tutor(es), lo que lo hace un poco indefenso. Otra forma de decirlo es que el niño tendrá menos autonomía como resultado.

Otro error disciplinario común es cuando los tutores del niño se niegan a enseñarle modales. Algunos padres incluso piensan que es lindo cuando su hijo actúa sin modales, hurgando su nariz o agarrando los juguetes de otros niños, disculpándolo simplemente como "niños siendo niños". Sin embargo, si el niño pequeño no aprende a adquirir ciertos modales, es posible que el niño no sea socialmente aceptado tanto por sus compañeros como por otros adultos que también necesitan guiarlo y enseñarle más tarde en la vida, por ejemplo, sus maestros. Esto podría ser perjudicial para el niño, especialmente cuando necesita socializar con otros niños y con sus modelos a seguir. Sin embargo, existe una línea muy fina entre enseñar modales e imponérselos al niño a través de una estricta sesión de disciplina. Si el niño es demasiado educado y respetuoso con todas las personas con las que entra en contacto, tal vez la enseñanza de los modales del niño se convierta en una disciplina que es demasiado estricta para su edad y su etapa de desarrollo actual. Los modales son importantes, pero no lo son todo, especialmente para un niño de tres años.

Consejo rápido: Si el padre va a enseñarle modales al niño, asegúrese de que sea coherente y de que todos estén en la misma página, de lo contrario, el niño podría confundirse fácilmente con mensajes contradictorios de otros adultos y niños con respecto a los modales.

Fomentar el mal comportamiento también es un error de disciplina porque los niños pueden llevar estos malos comportamientos a la edad adulta. Como resultado, podrían convertirse en algún tipo de rebelde o inadaptado más tarde como adultos y meterse en problemas que, por supuesto, no son buenos. Alentar el mal comportamiento en un niño pequeño es como entrenarlo para que sea malo a propósito. ¿Por qué un padre haría eso? No tiene sentido, pero algunos padres realmente hacen esto porque piensan que es "lindo". Sin embargo, no hay nada lindo en que su hijo pequeño más tarde en su vida como adulto sea arrestado por mal comportamiento. Lo que un padre piensa que es lindo o genial ahora podría convertirse en algo peor más adelante en la vida, como el abuso de drogas o la violencia. En resumen, alentar el mal comportamiento es una pendiente resbaladiza que no conduce a ningún lugar sino abajo, y hacerlo también es psicológicamente perjudicial para su descendencia. El niño también recibirá el tipo de atención equivocado.

Los padres que confían en las redes sociales para calmar y entretener al niño también cometen un error de disciplina, pero muchos padres lo hacen porque es conveniente y fácil. Como resultado, el niño se volverá demasiado dependiente de ellas y de otras cosas más adelante en la vida en un intento de apaciguarse cuando éste se encuentre molesto o simplemente aburrido. El niño necesita eventualmente aprender a entretenerse u ocuparse con otras actividades más saludables como jugar con bloques o aprender el abecedario. Demasiado tiempo frente a la pantalla no es algo bueno porque el niño también podría tener síntomas físicos como dolores de cabeza por estar en línea por mucho tiempo. El niño también se vuelve más egoísta y menos sociable mientras mira fijamente la nueva tableta de mamá o papá durante horas. Un poco de tiempo frente a la pantalla está bien, pero demasiado afecta negativamente al niño en más de un sentido. El niño también se vuelve menos activo como resultado. Cuando mi hijo era pequeño, tuve que decirle que dejara la computadora y que saliera a jugar con sus amigos.

Otro error disciplinario común es no ser padres en público por cualquier razón. Quizás mamá, papá o el tutor están demasiado preocupados por lo que pensarán otras personas. El padre puede ser tímido o puede avergonzarse fácilmente si el niño no escucha y actúa fuera de límites. Sin embargo, los padres deben sopesar lo que es más importante en ese momento de crianza positiva y disciplina. Salvarse de la vergüenza o el niño. Obviamente, la respuesta es el niño, y a veces la crianza de los hijos y la disciplina deben llevarse a cabo en el momento para evitar algo aún peor, como que el niño se lastime por no escuchar. Está bien disciplinar a su niño pequeño si lo necesita para evitar algo peor como pararse frente a un automóvil en movimiento.

Consejos rápidos: Para superar el miedo a la crianza de los hijos en público, tal vez tome una clase de crianza con otros padres para ganar confianza en sí mismo cuando esté en público.

Otro acto de crianza imprudente consiste en menospreciar al niño, por la razón de que podría terminar con una menor autoestima. Además, el niño puede sentirse menos capaz en sus habilidades como individuo y su capacidad para complacer a mamá o papá cuando se materializa una nueva tarea. Luego, el niño simplemente dejará de intentar ganarse a su tutor. Esto no es bueno. En otras palabras, es psicológica y emocionalmente perjudicial para mamá o papá menospreciar a su hijo porque el niño sufre como resultado, especialmente si el menosprecio ocurre frente a otros a los que admira. Además de los sentimientos heridos del niño, él o ella se sentirán menos validados y valorados. Entonces, el niño pequeño como adulto podría mirar a otros individuos desfavorecidos para estructurar y guiar su vida, y terminar juntándose con el grupo equivocado. Menospreciar al niño no es nada bueno.

Ser demasiado rígido con la paternidad y la disciplina tampoco es algo positivo para el niño. Esto se debe a que el niño puede sentir que no tiene margen de maniobra para ser solo un niño, como resultado del estricto estilo autoritario de crianza. La crianza de los hijos no se trata de ordenarle al niño que haga algo, se trata del amor incondicional, pase lo que pase. La crianza de los hijos tampoco se trata de controlar al niño debido al temor de que cometerá un error, se trata de permitir que el niño cometa errores porque así es como aprenderá algo nuevo. Otra forma de decirlo es que los niños pequeños son demasiado jóvenes para someterse a un campamento de entrenamiento militar, así que no seas un sargento instructor con ellos. Si el niño tiene un ambiente hogareño demasiado estricto, el niño como adulto podría terminar repitiendo la historia y ser demasiado estricto y rígido con sus propios hijos.

Los errores disciplinarios son más comunes de lo que piensa, y los más típicos incluyen:

- Tener expectativas poco realistas.
- Esperar que los niños actúen como si fueran grandes.
- No cumplir con las consecuencias.
- Mimar al niño.
- Negarse a enseñar a los niños modales.
- Fomentar el mal comportamiento.
- Confiar demasiado en las redes sociales.
- No ser padres en público.
- Menospreciar al niño.
- Ser demasiado rígidos.

Primicia sobre los errores disciplinarios más comunes

También es fácil para los padres entender mal el propósito de la disciplina. La disciplina no se trata de controlar al niño por la conveniencia y tranquilidad de los padres, se trata de que el niño aprenda y comprenda las razones y las consecuencias de sus acciones. Se trata de enseñarle al niño cómo y por qué actuar y cómo comportarse. De lo contrario, el niño pequeño podría terminar más tarde como un adulto que se asocia con más personas que no cumplen con los límites, reglas y fronteras establecidas por figuras de autoridad como jueces, policías y médicos. La disciplina consiste en capacitar a los seres humanos para que cumplan con un código de conducta que sea aceptable para los demás, para la sociedad. También se trata de que el niño aprenda a distinguir lo correcto de lo incorrecto porque, de lo contrario, el niño posiblemente terminará teniendo serios problemas cuando sea un adulto. La disciplina saludable enseña valores a través del amor incondicional.

Otro error disciplinario común es cuando los padres y los tutores reaccionan de forma exagerada a cada pequeña cosa que hace el infante. Es importante no reconocer cada infracción porque el niño puede tener tanto miedo de la reacción de los padres que tendrá miedo de actuar de cualquier manera. Además, a menos que los padres quieran pasar todo el día peleando con su hijo, es mejor dejar que se cometan actos menores de mala conducta, como dejar un solo juguete en el piso después de arreglarlo. Reaccionar de forma exagerada ante la desobediencia del niño no está bien porque cada vez que mamá o papá gritan o se asustan, el pobre niño se traumatizará con demasiado drama de sus padres. Por lo tanto, los padres deben tratar de pensar, actuar y responder de manera saludable a la mala conducta del niño en lugar de reaccionar exageradamente como un padre helicóptero que observa todo lo que el niño hace. Además, el niño pequeño podría simplemente desconectarse del padre y sus reacciones exageradas después de un tiempo e ignorarlo. Esto podría ser peligroso porque si el niño está a punto de lastimarse de alguna manera al tocar una sartén caliente, será menos probable que escuche a mamá o papá cuando reaccionen a la situación con buena razón y juicio.

La falta de explicación también es un error disciplinario común porque, en primer lugar, si el niño no comprende por qué está siendo castigado o corregido por mamá o papá, será menos probable que escuche a los padres o los obedezca cuando sí cuenta. Si el niño no comprende las razones para actuar de manera diferente a como lo hace naturalmente, significa que es más probable que repita el mal comportamiento sin culpa propia y se meta en problemas de todos modos. Es importante darle al niño buenas razones para explicar por qué debe actuar de manera diferente. De hecho, incluso puede ayudar el pensar como un niño para darle una razón válida en la mente del niño sobre por qué debería escuchar al padre para empezar. En resumen, pensar como un niño ayudará a los padres a comprender a su hijo para darle al niño una razón válida para comportarse bien.

El uso excesivo del castigo también es una mala idea para una crianza positiva y una disciplina saludable porque el niño solo será controlado por el castigo en lugar de aprender de él. El uso excesivo del castigo también traumatiza al niño por medio del miedo y la conmoción, y le resta valor a su niñez porque la mayor parte se gastará en su habitación sin televisión. El niño puede incluso terminar asustado y desconfiado de su tutor porque el castigo se usa en exceso por cada pequeña cosa como olvidarse de recoger un solo juguete. Es importante que los padres sean más selectivos cuando imponen refuerzos y castigos positivos y negativos porque, de lo contrario, el niño se acostumbrará tanto al castigo que pensará que es una forma de vida. Esto no es bueno ni saludable para el niño pequeño. Las amenazas vacías, como se dijo anteriormente, también son una forma de crianza menos que óptima, ya que es menos probable que el niño tome la palabra de los padres cuando amenaza con un castigo inminente por mal comportamiento. Además, si el padre continúa haciendo amenazas vacías, su niño pequeño eventualmente pensará que el padre habla y no actúa.

Las amenazas vacías no llevan al padre o al tutor a ninguna parte y el niño pronto hace lo que quiere de todos modos. Esto podría ser malo más adelante en la vida del niño cuando sea adulto porque él o ella pensarán que la mayoría de las personas también hacen amenazas vacías. Sin embargo, no conozco demasiados médicos u oficiales de policía que hacen amenazas vacías cuando se hace por razones de salud y seguridad. En otras palabras, lo último que necesita un niño pequeño es que sus padres hagan amenazas vacías porque podría pensar que los padres y otras figuras de autoridad están llenos de aire caliente. Regañar también es un error disciplinario común porque demasiado puede hacer que el niño se aísle del padre o tutor porque el niño no quiere escucharlo constantemente. Además, muchas molestias comienzan a sonar como un disco rayado porque el niño simplemente desconectará a los padres después de un tiempo. No está bien acosar a su propio hijo cada segundo del día por cosas intrascendentes que no importarán la próxima semana. Padres, no asusten ni intimiden a su propio hijo para que se someta. El niño sentirá que él o ella no es capaz y esto no es bueno porque los niños pequeños necesitan autonomía y agencia para eventualmente ser individuos por derecho propio, separados de sus padres. En otras palabras, la búsqueda persistente o constante de fallas no es buena para nadie a cualquier edad.

Otro error común cuando se trata de disciplina es el mal uso de los tiempos muertos. Los tiempos de espera deben usarse como un respiro para el niño cuando él o ella está realmente molesto por algo y necesita espacio y tiempo lejos de la situación para calmarse. De hecho, los padres a veces también necesitan tiempos de espera para sus hijos. En cualquier caso, los tiempos de espera solo deben durar unos minutos y el niño nunca debe ser enviado a su habitación para estar solo durante un tiempo de espera. Esto se debe a que el niño podría actuar de acuerdo con sus fuertes sentimientos residuales de la situación que lo molestó en primer lugar. Esto podría conducir a una situación peligrosa para el niño. Si el padre le da al niño un tiempo de espera, debe estar en presencia de su padre en la misma habitación o vecindad. Además, los tiempos de espera no están destinados a ser utilizados como castigo, sino más bien como un descanso para el niño cuando sea necesario.

Consejo rápido: Haga que el niño cuente hasta diez, si es posible, o haga que cante el abecedario para calmarse durante un tiempo de espera.

El soborno también es un error disciplinario común que los padres suelen cometer cuando quieren que su hijo se comporte, especialmente en un entorno público como una tienda de comestibles o una iglesia. Por ejemplo, mamá o papá cederán al llanto del niño y terminarán dándole un juguete o algo dulce para que se calle. Sin embargo, esto no le enseña al niño a comportarse por su propia voluntad. De hecho, solo enseña lo contrario. En otras palabras, le enseña que, si se porta mal, recibirá un regalo o un premio de algún tipo. Obviamente, este es el tipo de atención equivocada para el pequeño. Recompensar el mal comportamiento solo lo refuerza para que vuelva a suceder. Esto no es una crianza positiva, sino algo completamente diferente.

En la misma línea, el mal comportamiento gratificante no es bueno ni óptimo para todas las partes involucradas porque más adelante, cuando el niño sea ya un adulto, continuará con ese mal comportamiento y aún esperará algún tipo de compensación por ello. Sin embargo, si mamá o papá dejan de recompensar el mal comportamiento de su hijo, con suerte, el pequeño cambiará el mal comportamiento en algo mejor debido al efecto de extinción. Además, recompensar el mal comportamiento de un niño pequeño no enseña mucho, excepto que él o ella recibirá una recompensa por ser travieso. No tiene sentido ni lógica, pero ahí está. Es casi como una forma de condicionamiento operante, que es un proceso de aprendizaje en el que un comportamiento cambia a través del refuerzo y el castigo. Sin embargo, condicionar a un niño para que no actúe en su mejor interés es muy destructivo y poco saludable tanto para el niño como para los padres. De hecho, el mal comportamiento gratificante probablemente perjudicará a todos los involucrados debido a sus resultados negativos.

También es común que los padres y tutores de niños los critiquen personalmente cuando se portan mal y actúan sin modales. Sin embargo, si la crítica proviene de la persona más cercana al niño, como mamá o papá, el niño puede tomar esto en serio, lo que tiene el efecto de debilitar el vínculo entre padres e hijos, dado que la crítica en esta forma es un ataque personal. Sin embargo, si el tutor critica constructivamente el mal comportamiento del niño, en lugar de criticar al niño, tal vez sea más probable que el niño lo tenga en cuenta. Esto se debe a que él o ella no se sentirán personalmente censurados. A veces puede ser muy desafiante tomar una crítica constructiva, incluso como adulto, por eso es importante comenzar el proceso ahora, cuando los niños generalmente están más abiertos a todo, incluida la crítica constructiva.

Claramente, los errores disciplinarios típicos de los nuevos padres son:

- Entender mal el propósito de la disciplina.

- Reaccionar exageradamente a cada pequeña cosa.

- No explicar las cosas.

- Usar castigos excesivamente duros.

- Realizar amenazas vacías.

- Regañar en exceso.

- Usar indebidamente los tiempos de espera.

- Sobornar al niño.

- Recompensar el mal comportamiento.

- Criticar al niño y no al comportamiento.

Está bien cometer errores disciplinarios, siempre y cuando los padres y tutores aprendan de ellos y luego cambien su comportamiento disciplinario para que sea más saludable, por el bien y el bienestar del niño; recuerden que para la crianza positiva siempre debe haber disciplina inculcada con amor incondicional. Una disciplina saludable es por el bienestar del niño y no por los padres. De hecho, la crianza positiva y la disciplina son para ayudar al niño a tener la mejor vida posible ahora y en el futuro, porque las lecciones que el niño aprende ahora se quedarán con él o ella para toda la vida. Al llegar a la adultez, también podrá criar y disciplinar positivamente a sus propios hijos, y esto creará generaciones saludables de familia en los años venideros. Esta técnica de crianza también tiene un efecto dominó positivo en la sociedad, ya que las unidades familiares se crean en la escuela, en el lugar de trabajo, en la iglesia e incluso en los equipos de bolos.

Capítulo Siete:
Consejos positivos para padres

Los consejos de crianza positiva para los niños pequeños deben depender más de la etapa de desarrollo del niño y no de su edad porque, aunque la edad es algo estático, el desarrollo para los niños pequeños no lo es; están constantemente cambiando ante nuestros ojos. Los del desarrollo de un niño pequeño pueden ocurrir muchas veces durante una edad determinada, lo que hace que alcance los hitos apropiados para la etapa de desarrollo en un corto período de tiempo. No es justo generalizar a un niño pequeño y su grupo de edad porque eso solo clasifica y estereotipa el comportamiento y las habilidades del niño sin mirar realmente lo que es capaz de hacer en su etapa de desarrollo individual. En resumen, los padres deben familiarizarse con este conocimiento antes de pensar en cómo criar positivamente a su pequeño.

Consejos para padres y razones para mantenerse positivo

Una vez que los padres o tutores tengan este conocimiento vital de las habilidades de los niños pequeños que dependen de cosas como el desarrollo y el crecimiento emocional, físico y psicológico, también es importante que los tutores del niño utilicen este conocimiento para descubrir de qué es capaz el niño en esta etapa. Este conocimiento y consejo para padres determinará qué es factible con respecto a lo que el padre puede y no puede emprender con miras a un plan de acción para criar al infante. Por ejemplo, los niños pequeños no poseen mucho control sobre sus propias vidas, dada su falta de madurez a una edad tan temprana. Esta es la razón por la que mamá y papá necesitan tomar el control de muchas cosas, para enseñarle lecciones valiosas que emanan de la orientación, la estructura y la disciplina con amor incondicional.

Los consejos positivos para padres y sus razones pueden ser difíciles de implementar cuando nuestros niños pequeños prueban y presionan nuestros botones. Puede ser difícil criar positivamente a un niño cuando él o ella está haciendo un berrinche por cualquier razón, también. Sin embargo, es importante recordar como padres que nuestro trabajo es amarlos incondicionalmente, pase lo que pase y sea lo que sea. Este consejo positivo para padres es vital para recordar porque incluso si el niño vocaliza sus sentimientos sobre el padre por imponer un momento de disciplina, el padre aún debe amarlo. Incluso si el niño arroja sus juguetes a los padres, los padres aún deben amarlo. Incluso si el niño golpea al padre, el padre aún debe amarlo. Es importante que el padre ame al niño, pase lo que pase, porque el niño pequeño se beneficiará de ese amor incondicional más que cualquier otro aspecto de la crianza de los hijos. Por ejemplo, el niño se beneficiará emocionalmente sabiendo que mamá o papá están allí para él y el niño se beneficiará físicamente porque los ambientes hogareños amorosos ayudan al cerebro del niño a desarrollarse de manera óptima. En resumen, el amor incondicional es un consejo útil para padres y la mejor medicina para el niño.

Otro aspecto que considerar para mantenerse positivo es que los niños pequeños todavía no usan o emplean sus mentes de la misma manera que los adultos porque carecen de la capacidad de participar en un pensamiento sofisticado con cosas como la lógica y el razonamiento complejo. Como resultado, la capacidad de pensamiento de un niño es muy simple y corpórea, enfocándose en cosas que puede tocar, ver, oír, probar, etc. De manera similar, es importante usar un lenguaje simple pero directo con el niño, ya que sus capacidades lingüísticas aún se están desarrollando. Por ejemplo, trate de no usar oraciones compuestas o directivas complejas porque el niño no puede procesar secuencias como estas todavía. Lo que el niño puede hacer es juntar frases simples como "mi juguete". Para que el niño entienda una directiva de su tutor, el adulto también debe usar un lenguaje similar, especialmente cuando implementa un límite o consecuencia por medio de la disciplina.

> Consejo rápido: Etiquete objetos simples y seguros en la casa para que el niño pueda identificarlos y así enriquecer sus capacidades y habilidades lingüísticas.

Puede ser un desafío mantenerse positivo cuando se disciplina, pero los niños pequeños deben ser disciplinados de manera saludable y equilibrada; de lo contrario, el niño podría terminar en una situación de vida peor más adelante en el camino como adulto. Por ejemplo, un niño que no es disciplinado cuando se presenta la oportunidad podría resultar en un adulto que no escucha a otras figuras de autoridad como la policía. Por otro lado, demasiada disciplina podría llevar al niño a una escuela de entrenamiento militar como West Point. Es necesario que haya un equilibrio al disciplinar al niño porque esto finalmente enseñará, guiará y estructurará la vida del niño en la mejor vida posible para él o ella. Además, la disciplina saludable como un consejo positivo para la crianza creará niños pequeños que algún día podrán gobernarse de manera apropiada. De hecho, la investigación psicológica muestra una y otra vez que los niños necesitan amor y disciplina saludable para convertirse en adultos estables.

Un buen indicador para la crianza positiva de los padres es asegurar que los límites y las consecuencias sean más fáciles de seguir y comprender cuando el niño recibe opciones de mamá o papá con respecto a ellos. Por lo tanto, es crucial proponerle al niño la idea de elección, opciones o alternativas. Esto se debe en parte a que los niños pequeños sentirán que tienen más control sobre sus propias vidas cuando se les dan varias opciones en lugar de un ultimátum de su tutor. Las opciones también ayudan al niño a sentirse más independiente y seguro. Esto también es útil al disciplinar al niño pequeño, porque es más probable que el niño cumpla con la solicitud de mamá o papá como resultado de tener dos opciones con las que los tutores están de acuerdo. Además, el niño aprenderá a través de las opciones cuidadosamente elegidas de mamá o papá que tendrá que lidiar con una consecuencia con respecto a esa opción o alternativa elegida. Esto le enseña al niño cosas como causa y efecto y responsabilidad por sus acciones. En resumen, las opciones ayudan al niño a aprender, a través de un proceso de condicionamiento operante, la mejor opción con respecto a las consecuencias.

Una razón para ver el lado positivo de la paternidad es que el aprendizaje se lleva a cabo todo el tiempo cuando un niño es un niño pequeño. Un niño pequeño observa todo en su entorno, especialmente el comportamiento de sus tutores. Además, independientemente de lo que hagan los tutores en el día a día, el niño eventualmente los reflejará. Como resultado, es importante modelar un comportamiento positivo y un tono de voz cuando esté cerca del pequeño. Esto es especialmente cierto cuando se disciplina al niño porque es menos probable que reaccione, piense o se sienta negativo al respecto. De hecho, podría decirse que se necesita más energía para ser negativo, especialmente al disciplinar al niño. Por otro lado, cuando mamá, papá o el tutor es positivo, todavía le queda energía después del momento de enseñanza para darle apoyo emocional al niño pequeño. En resumen, guarde la emoción para la relación con el niño y no la disciplina.

Sin embargo, la disciplina es solo una parte de la crianza positiva, porque también es vital para los tutores del niño modelar la positividad en otras áreas de la vida del niño también. Este consejo es importante porque entonces el pequeño podría pensar y sentirse más positivamente sobre el mundo y su pequeño rincón en general. Esta positividad también beneficiará al niño de muchas maneras; incluyendo ganancias psicológicas, físicas y emocionales porque la mente, el cuerpo y las emociones están interconectados, lo que afecta beneficiosamente al niño. En resumen, si el niño es generalmente un niño positivo, entonces es probable que sea un niño sano.

Un niño sano requiere que mamá o papá estén dispuestos a aprender cómo ser mejores padres para él o ella al aprender algunos de los principios básicos de la crianza positiva y luego aplicarlos a etapas particulares de desarrollo. Por ejemplo, dado que los niños pequeños se encuentran en una etapa de desarrollo que es básicamente a nivel del suelo ya que acaban de comenzar a crecer y desarrollarse, los niños de dos a tres años aún no poseen mucha capacidad de atención. De hecho, es mejor recordar que el lapso de atención que posee un niño pequeño equivale a su edad física, por lo que, para un niño de dos años, esto es aproximadamente dos minutos.

Esto es importante para que los padres lo recuerden al disciplinar al niño, porque si pasas diez minutos castigándolo por romper un límite o regla, el niño solo recordará los primeros momentos de tus intentos de disciplina saludable de todos modos. Sin embargo, si puede mantener el impulso al tratar de enseñar y disciplinar al niño, hay una mayor probabilidad de que el niño recuerde más que si solo le gritara porque el niño estará más involucrado en el acto de aprender algo de la disciplina. En resumen, es importante mantener al niño comprometido para que aprenda algo nuevo.

Consejo rápido: Haga que los primeros minutos de una oportunidad disciplinaria cuenten, enfatizando con su voz qué es lo que quiere que el niño entienda.

Claramente, aprender algo nuevo por parte del niño requiere que el tutor lo cambie cada pocos minutos para mantener al niño involucrado en la actividad. Por ejemplo, si usted y el niño están dibujando formas con lápices de colores en una hoja de papel, quizá coloreen las formas después de unos minutos. Otro ejemplo es, si usted y el niño están pintando con esponja en grandes trozos de papel, tal vez cambie las formas de las esponjas cada pocos minutos para que sea interesante para el niño. El punto es que el niño disfrutará de la actividad incluso más que simplemente hacer una actividad mundana a la vez. ¡Mantenlo nuevo y emocionante!

Además, otro consejo para ser padres con una actitud positiva es que interactuar con el niño tiene el efecto de que mamá o papá eventualmente piensen como su pequeño mientras más jueguen con él o ella. Lo siguiente que sabes es que el padre también se sorprenderá con cosas como el color de esa flor o la sensación de la arena en la punta de los dedos. Esto es ventajoso tanto para el niño pequeño como para el padre, porque entonces el tutor puede comprender mejor el funcionamiento interno de la mente de su niño pequeño y, en consecuencia, ser un mejor padre para él o ella. Esto se debe a que el enfoque de los padres de pensar como si fuera un niño pequeño tiene el efecto de que los padres bajen al nivel o fase de desarrollo del niño, lo que hace que el pequeño sea más receptivo con respecto a la paternidad y la disciplina positivas.

Mantenerse optimista como padre es más fácil cuando se cuida a sí mismo primero. De lo contrario, el tutor del niño no estará en condiciones de criarlo positivamente y con amor incondicional. Si el tutor del niño tiene problemas para cuidarse por cualquier razón, entonces el bienestar de su niño que depende del tutor también se quedará en el camino. Independientemente de lo que tenga que hacer el padre para restablecer una sensación de equilibrio, paz interior o normalidad, no dude en hacerlo. Por ejemplo, el padre que se cuida a sí mismo podría pedirle a un amigo cercano que cuide al niño por unas horas para descansar un momento. Esto ayudará a los padres a sentirse más restaurados para asumir una vez más la increíble tarea de ser padres positivos.

Claramente, hay muchos consejos positivos para ayudar a mamá o papá a navegar en la crianza de sus hijos, algunos de esos consejos son:

- Familiarícese con el conocimiento de los niños pequeños.

- Ámelos incondicionalmente.

- Comprenda que los niños pequeños tienen un pensamiento simplista.

- Recuerde que la disciplina debe ser equilibrada.

- De opciones a los niños pequeños.

- Ahorre energía para la relación con el niño y no la disciplina.

- Muestre positividad usted mismo.

- Aprenda los principios básicos de la crianza positiva.

- Mantenga el impulso a través de la disciplina.

- Piense como un niño pequeño.

- Cuídese.

Consejos de autocuidado

Los padres necesitan autocuidado para criar a sus hijos lo mejor que puedan en cualquier momento o situación. El autocuidado es vital porque cuando los padres se sienten mejor como resultado de participar en actividades como un baño de burbujas caliente, pueden estar allí para sus niños pequeños incluso más que si los padres minimizaran la necesidad de cuidar de sí mismos. Sin embargo, el autocuidado puede ser un desafío porque, como padres, la inclinación natural es cuidar primero a los niños. Aquí es cuando los padres tienen que planificar conscientemente el autocuidado en su horario para hacerlo realidad. Incluso si el autocuidado significa tomarse un descanso de diez minutos en el baño para centrarse, sea intencional al respecto. Dado que las oportunidades para el autocuidado pueden ser mínimas dada la enorme tarea de la crianza positiva, trabaje en el día haciendo pequeñas cosas para aumentar su nivel de autocuidado mientras el niño se dedica a algo más, como jugar con sus juguetes el piso. De hecho, parecería que el autocuidado es aún más desafiante porque los padres deben controlar a su hijo veinticuatro siete.

Es comprensible que vigilar constantemente al niño dificulte que los padres pasen un tiempo a solas. Este consejo positivo para padres es necesario porque estar solos les permite a los padres recargar sus baterías y poner las cosas en perspectiva. Por otro lado, también es importante que los padres descubran los medios para conectarse con otros adultos. Esto también es importante porque hacerlo le da al padre lo que necesita como persona. Es vital que los adultos tengan relaciones con otros adultos, además de sus hijos.

El padre puede cuidarse aún mejor al unirse o incluso establecer una comunidad de personas de ideas afines que son similares a las de los padres de alguna manera. Por ejemplo, mamá o papá podrían unirse a una comunidad de padres que también tienen niños pequeños en la misma etapa de desarrollo. Esto permitiría a los padres de la comunidad relacionarse entre sí a través del café, historias compartidas e incluso citas para jugar. Socializar con otros adultos ayuda a mamá o a papá porque entonces él o ella estarán mejor equipados para manejar una crianza positiva dado que mamá o papá obtienen lo que necesitan a través de la conexión con otros seres humanos.

Las comunidades también son importantes porque les dan a las personas un sentido de pertenencia a algo más grande que él o ella misma.

Otro consejo ventajoso para los padres es que este sentido de pertenencia también es útil para el niño pequeño porque él podrá socializar y jugar más con otros niños, lo que dará como resultado un mayor desarrollo social y cognitivo, por nombrar algunos.

Consejo rápido: Únase a su niño pequeño durante el tiempo de juego para ayudarlo a desarrollar las habilidades sociales necesarias para jugar con otros niños a través de comportamientos que le enseñe usted mismo, como compartir sus juguetes con los demás.

También es importante tratar de mantener una actitud positiva como padre porque, con demasiada frecuencia, es fácil para los padres quedar empantanados por las responsabilidades cotidianas de criar a un niño debido a las realidades relacionadas con la comida, el alquiler e incluso encontrar una niñera. Sin embargo, divertirse es necesario para la salud mental, emocional y física, en parte porque hacerlo eleva su espíritu y sentido de bienestar y alegría. De lo contrario, la depresión y sentimientos similares podrían aparecer, resultando en que los padres sean menos propensos a guiar y disciplinar al niño de una manera positiva y saludable. Esto se puede evitar fácilmente participando en actividades que lo hagan sonreír y le brinden una sensación de felicidad. Además, divertirse más también traerá más alegría al mundo de su hijo porque el padre sonreirá y se reirá más. La felicidad es contagiosa, y una idea para divertirse es quizás salir con las chicas o los chicos una noche para relajarte. Me llevó mucho tiempo hacer esto cuando nació mi hijo, en parte porque yo era una madre nueva. Sea como fuere, es importante que los padres se diviertan y se rían porque, como resultado, serán mejores padres con su hijo.

Además, sería muy prudente cuidar también de su grupo o comunidad, ya que con suerte lo cuidarán como uno de los suyos. Un miembro de la familia, un amigo o incluso un pastor de la iglesia pueden ser parte del equipo para cuidar a los padres y a su hijo pequeño. Además, si su equipo o comunidad incluye a los maestros de guardería de su niño pequeño, su familia extendida o su cónyuge, asegúrese de establecer y trabajar para mejorar las relaciones con ellos porque pueden ayudar a los padres o al niño pequeño de una forma u otra cuando sea necesario. Podrían ayudar con cosas como cuidar a los niños, o simplemente compartir sus experiencias y consejos para padres con los padres del niño pequeño. En efecto, esto crea un grupo más grande de personas que se cuidan entre sí. Esto es beneficioso y tiene el efecto dominó de que todos los miembros del equipo se cuidan unos a otros, casi como una especie de unidad familiar extendida. También parecería que pertenecer al grupo o la comunidad ayuda a criar positivamente al niño porque, de hecho, se necesita una comunidad para criar a un niño.

Un consejo importante para el cuidado personal para promover una crianza positiva es tocar música agradable porque puede elevar o mejorar el estado de ánimo y la perspectiva a través de la expresión melodiosa de instrumentos musicales y canciones. La música tiene beneficios positivos para los padres porque realmente puede cambiar el estado de ánimo. Por lo tanto, es una buena idea reproducir música para el estado de ánimo que desee, como música alegre para limpiar la habitación del niño. El tutor también podría tocar música para relajarse si se encuentra estresado. Además, el niño también se beneficiará positivamente de la buena música.

Al principio parecería extraño que los consejos positivos para la crianza de los hijos de los niños pequeños incluyan el autocuidado de mamá y papá, pero es un ingrediente necesario para producir un niño feliz y equilibrado.

El cuidado personal para mamá o papá también puede incluir encontrar un pasatiempo que él o ella disfruta. Por ejemplo, me gusta rebordear. A algunas personas les gusta pintar. Sea lo que sea lo que haga felices a los padres mediante la participación en una salida creativa, adelante. Es casi terapéutico participar en un pasatiempo porque le permite a la persona expresarse de una manera divertida y saludable.

Escribir un diario sobre el día a día puede ser una forma poderosa de recuperar el sentido de sí mismo a través de la expresión de los sentimientos y experiencias de uno a lo largo del día. El diario también puede ser útil porque le permite al padre escribir sobre lo que está pensando en este momento en lugar de reflexionar sobre ello durante horas y horas.

Además, también es divertido hacer ejercicio regularmente. Si el padre puede hacer tiempo en su apretada agenda para hacer ejercicio, los beneficios de participar en una actividad física se harán evidentes. Esto se debe a que el padre se sentirá en forma y más seguro como persona. Esto a su vez ayudará a los padres a manejar una crianza positiva, ya que el ejercicio regular también puede ser una salida para el estrés. El ejercicio es como un antidepresivo natural. Claramente vale la pena el esfuerzo de estar activo diariamente.

Un gran consejo adicional para los padres que crían positivamente a los niños través del cuidado personal es pagar los favores. Esto significa participar en un acto aleatorio de amabilidad regularmente. Por ejemplo, el padre podría ofrecer cuidar al niño pequeño de su amigo para darle un descanso al otro padre. Este acto amable aumentará la gratitud y el agradecimiento, además de reforzar los sentimientos positivos como resultado de hacer algo bueno por alguien más.

El cuidado personal también implica permitirse experimentar emociones y sentimientos de tal manera que no minimice su existencia ocupándose como padre. Por ejemplo, es natural sentirse a veces desanimado por los aspectos menos divertidos de la paternidad. Sin embargo, no permita que la emoción tenga tanta prioridad que el trabajo disminuya. Es por eso que tenemos que expresar la emoción de una manera saludable para mantener nuestra capacidad de ser el mejor padre posible para el pequeño. Sin embargo, sentirse abatido se puede contrarrestar haciendo las cosas que te hacen sonreír y disfrutar de la vida. Otro consejo de autocuidado para que el tutor sea un padre más positivo es simplemente salir e ir a caminar. Un paseo al aire libre puede hacer maravillas para el alma y el cuerpo debido al aire fresco, el sol y el ejercicio. A veces, un cambio de escenario también puede mejorar el estado de ánimo de los padres.

Claramente, hay muchos consejos de autocuidado para padres de niños pequeños, algunos de los más relevantes son:

- Planificar intencionalmente el autocuidado.

- Tener tiempo a solas.

- Conectarse con otros adultos.

- Establecer una comunidad.

- Intentar mantenerse positivo.

- Divertirse.

- Cuidar a la comunidad.

- Reproducir música.

- Salir.

- Encontrar un pasatiempo.

- Escribir un diario.

- Hacer ejercicio.

- Pagar los favores.

Consejos para ser paciente con su niño

Disfrutar de la vida también requiere que mamá o papá sean más pacientes con los niños como un consejo positivo para los padres. Si el tutor es paciente con su niño pequeño, esto le permite a mamá o papá pensar más claramente y tomar mejores decisiones con respecto al niño y su bienestar. Para que mamá o papá sean más pacientes con el niño pequeño, es importante que primero aprenda algo sobre el desarrollo infantil para comprender qué es lo normal con respecto a los comportamientos para ese grupo de edad específico o etapa de desarrollo. Esto permitirá que el tutor sea más comprensivo y, por lo tanto, paciente con el niño.

Ser paciente con su niño como un consejo positivo para la crianza de los hijos también requiere que el tutor se imagine a su niño en unos veinte años como un adulto que toma sus propias decisiones por sí mismo. Para explicar, a veces perdemos la paciencia cuando nuestro niño no toma una decisión que intentamos imponerle en el momento. Sin embargo, si mamá o papá pueden entender que las elecciones de un niño pequeño son sus decisiones que algún día determinarán dónde y cómo terminará dentro de veinte años, esto le permitirá a mamá o papá tener más paciencia con el niño a largo plazo también.

Otro consejo de crianza positivo pero paciente para los niños pequeños es que mamá o papá pongan a las personas antes que los problemas. Esto significa que el tutor del niño valora al niño más allá de lo que el niño puede o no puede hacer en un momento dado dependiendo de la tarea establecida para él o ella. Después de todo, el niño es invaluable en comparación con una habitación limpia. En resumen, no se concentre en la lista de tareas para el niño, sino en el niño mismo.

Ser paciente con los niños pequeños también requiere que mamá o papá encuentren el lado divertido de las cosas. Por ejemplo, en lugar de estresarse porque el niño derrama pasta de dientes sobre su nuevo atuendo, tal vez descubra lo divertido de ese momento. Esto ayudará al tutor a ser más paciente con el niño mientras aprende a reírse con él. Reírse con el niño a veces ayuda a mamá o papá a ser más infantil también en su acercamiento con el niño. Ser más infantil le permite al tutor comprender mejor al niño, esto aumenta la paciencia con una mejor comprensión de los niños pequeños.

Ser paciente con los niños pequeños es una habilidad que se aprende fácilmente si mamá o papá siguen estos consejos:

- Aprender sobre el desarrollo infantil.

- Imaginar a su niño pequeño en veinte años tomando sus propias decisiones.

- Poner a las personas ante los problemas.

- Encontrar lo gracioso o divertido en los momentos cotidianos.

Una de las cualidades más importantes que necesita un padre de un niño pequeño es la paciencia. Recordar la necesidad de paciencia y emplear una estrategia para ayudar a mantenerla en situaciones muy estresantes con su niño pequeño le permitirá criar positivamente y aumentar la alegría inherente a la crianza positiva con amor incondicional. Es una alegría ver a los niños crecer y con suficientes consejos, orientación y estructura de crianza positiva, los padres también pueden disfrutar el proceso con un poco de práctica y esfuerzo. Después de todo, los niños no son niños para siempre. Disfruta de los momentos y recuerdos mientras puedas porque una vez que sea mayor, la vida del niño se verá afectada por lo que hagas ahora

Últimas palabras

El amor duro de un padre es necesario para producir un adulto capaz y autónomo a través de años de arduo trabajo y planificación cuidadosa. Del mismo modo, tal vez los seres humanos vienen con un conjunto de instrucciones después de todo, a través de las pautas positivas de disciplina y crianza en este libro. Sin embargo, lo que no está planeado es la conexión emocional en constante evolución entre padres e hijos. Esta conexión es lo que nos recuerda que también está bien simplemente experimentar la alegría a nuestro alrededor, sin marcarla en la lista de tareas como otro recado. De hecho, parecería que esta alegría contrarresta el esfuerzo exhaustivo de criar a otro ser humano día tras día. Simplemente parece que por mucho que intentemos planificar todo, como la crianza de los hijos, la vida tiene una forma de recordarnos que a veces el mejor plan en realidad es no tener un plan.

La vida sucede hagamos planes para ella o no. Además, no siempre podemos predecir cómo van a ser las cosas como padres y tutores porque los niños siempre están cambiando, en todo momento. Esta imprevisibilidad con respecto a nuestra descendencia sugiere que los niños son desinhibidos y más libres en pensamiento y expresión, en parte porque todavía no han sido afectados por el mundo. Sin embargo, este estado despreocupado y natural de la existencia de un niño es la razón de la literatura sobre el tema en todas partes. Irónicamente, la razón de la literatura es también entrenar al niño salvaje para convertirlo en un adulto controlado y responsable. Sin embargo, si este es el caso, ¿por qué es tan frecuente la obsesión con la fuente de la juventud? Quizá sea porque, como adultos, es fácil olvidar cómo era ser un niño lleno de energía y vida.

Aunque la energía y la fuerza vital de un niño no pueden controlarse, puede moldearse y conformarse en algo que se parezca al autocontrol y la autodisciplina a través de años de entrenamiento para que el niño se comporte de acuerdo con los cánones que se consideran apropiados en el momento. Sin embargo, se necesita mucho tiempo para esta capacitación disciplinaria porque a medida que el niño cambia a lo largo de los años, también lo hace el enfoque, porque tiene que coincidir con la etapa de desarrollo del niño. El enfoque lo es todo porque es lo que da forma a las acciones y al pensamiento del niño ahora y en el futuro. Los psicólogos saben que los procesos de pensamiento de un adulto responsable probablemente se remontan a sus años de desarrollo cuando todavía se estaba formando en un ser humano coherente y consciente con pensamientos y sentimientos propios.

Estos pensamientos y sentimientos se tienen en cuenta en el enfoque centrado en el niño para la crianza positiva y la disciplina. De hecho, este estilo de crianza se realiza con amor incondicional, pase lo que pase. Esto es ventajoso para el niño porque mejorará su salud y bienestar psicológicos, físicos y emocionales de muchas maneras. Este bienestar se deriva claramente de la estructura y la orientación en un entorno familiar receptivo y acogedor. En otras palabras, el ambiente lo es todo cuando se trata de darle al niño el amor, la libertad y los límites que necesita para prosperar.

Sin embargo, la libertad y los límites son más difíciles de obtener sin una comunicación positiva por medio de una expresión recíproca de palabras y lenguaje corporal entre padres e hijos para entenderse durante un momento de disciplina en la enseñanza. Este momento de disciplina generalmente es el resultado de que el niño quiera explorar curiosamente el entorno de su hogar y que el padre quiera garantizar la seguridad y el bienestar del niño. En resumen, se puede llegar a un compromiso si los padres y el niño tienen no solo una relación amorosa, sino también una relación de trabajo que permite espacio para crecer y desarrollarse individualmente.

Sin embargo, nunca se debe llegar a un compromiso con respecto al autocuidado, porque sin él, la crianza positiva puede ir cuesta abajo rápidamente, dado que el bienestar de la madre y el padre disminuye, lo que hace que el niño tampoco reciba la mejor atención. Sea como fuere, el cuidado del niño es primordial para que tenga la mejor vida posible a través de la estructura, orientación y disciplina inherentes a la crianza positiva. Criar y cuidarse a través del mismo mecanismo también lo dice todo.

También se habla mucho de los intentos de los padres de criar positivamente al niño porque se requiere un esfuerzo consciente, determinado e intencional para aprender nuevas técnicas de crianza de los hijos, pero al mismo tiempo no repetir la historia con los estilos de crianza de nuestros propios padres. De hecho, aprender un nuevo estilo de crianza de los hijos, como la crianza positiva, también requiere un tipo de atención plena, dado que requiere práctica repetida para dominarlo.

Dominar los muchos consejos positivos para padres en este libro es útil para los padres o tutores porque se necesita mucha energía para amar incondicionalmente a su hijo sin importar qué. Consejos como bajar al nivel del niño para parecer menos imponente como adulto son útiles cuando se trata de estructurar, guiar y disciplinar al niño con empatía y amor. Además, consejos como dar al niño opciones alternativas u opciones para evitar la disciplina se vuelven útiles cuando mamá o papá intentan equilibrar la crianza de los hijos con otras responsabilidades de la vida, como el trabajo. Sin embargo, la mayor responsabilidad y privilegio que se me ocurre es amar y disciplinar al niño para que tenga la mejor vida posible.

La clave para aprender una crianza positiva es clara, y es practicar los consejos y sugerencias de este libro regularmente. En resumen, no solo lea el libro y luego no haga nada. Tome medidas para mejorar la vida y el bienestar de su hijo, un consejo positivo a la vez. Realmente personifique y practique el mantra de crianza positivo: amar al niño sin importar nada más. Solo recuerda que el amor que le das a tu hijo es incondicional, desinteresado y altruista, lo que significa que es para el beneficio del niño y su bienestar, a fin de que tenga la mejor vida posible ahora y en un futuro.